基础教育研究

主 编 唐东堰

副主编 秦磊毅 徐 巍 马 彦

编委（按姓氏笔画为序）：

马 彦　邓静妮　白玉兰　孙育红　冯丽艳

刘媛媛　刘 玮　李会云　陈玉平　陈 园

周书华　金素珍　唐东堰　唐国球　唐桂林

秦磊毅　徐 巍　黄思源　彭白良

世界图书出版公司
广州·上海·西安·北京

图书在版编目(CIP)数据

基础教育研究/ 唐东堰主编. — 广州：世界图书出版广东有限公司, 2012.8
 ISBN 978 – 7 – 5100 – 5006 – 0

Ⅰ.①基… Ⅱ.①唐… Ⅲ.①基础教育—中国—文集 Ⅳ.①G639.2 – 53

中国版本图书馆 CIP 数据核字(2012)第 176799 号

基础教育研究

责任编辑	刘文辉　王　慧
封面设计	兰文婷
出版发行	世界图书出版广东有限公司
	（广州市新港西路大江冲 25 号　邮编:510300）
电　　话	020 – 84451969　84459539
印　　刷	东莞虎彩印刷有限公司
版　　次	2012 年 8 月第 1 版　2013 年 5 月第 2 次印刷
开　　本	700mm×1000mm　1/16
字　　数	142 千字
印　　张	9
ISBN 978 – 7 – 5100 – 5006 – 0/G・1079
定　　价	35.00 元

版权所有,翻印必究

目 录

德育研究

当前中学生法制教育缺失及其路径研究　徐　巍 / 001

浅谈学校德育工作　陈日峰 / 010

木受绳则直　周书华 / 015

新生入学教育辅导研究　刘媛媛　魏强林 / 018

关于班级旅游活动的研究　刘　玮 / 022

试论新时期校园文化构建困难及对策　秦磊毅 / 029

教学方法研究

论"主动·有效"课堂对学生非智力因素的培养　陈　囡 / 035

授之以鱼，不如授之以渔　陈　囡 / 038

课堂教学研究

试探语文阅读教学中多重对话的重要性　冯丽艳 / 042

中小学语文教育中的汉字教学研究　马　彦 / 050

小学语文教学中的"情境"应用问题研究　唐国球 / 055

从心理学角度对小学语文中学生自主学习策略的应用初探　马　彦 / 062

论日本动漫在日语听力教学中的价值与意义　金素珍 / 067

歌曲的情感处理　唐桂林 / 070

国画人物教学之我见　黄思源 / 074

高中数学试卷讲评课的有效性的研究　李会云 / 078

对外汉语教学研究

现代汉语中的日本外来语研究　白玉兰 / 085

对外汉语生字教学研究　李惠惠 / 092

印度尼西亚汉语初级阶段学生汉字习得偏误分析及教学策略探讨　彭白良 / 099

其他

色彩语在松本清张的初期推理小说中的作用　邓静妮 / 108

托尔斯泰与井伏鳟二的战争小说　孙育红 / 122

功能动词"する"与形容词的关系探究　陈玉平 / 129

德育研究

当前中学生法制教育缺失及其路径研究

湖南科技职业学院　徐　巍

摘要　法律素质已成为公民的一项基本素质。国家有关教育的法规和文件一直强调法制教育是学校德育的重要内容之一。在基础教育阶段，让学生掌握基本的法律知识，培养学生基本的法制观念，自觉遵守法律并学会运用法律手段保护自己的合法权益，是学校德育的一项重要工作。然而，目前我国基础教育中的法制教育并不乐观，青少年犯罪率呈明显上升趋势，并表现出了犯罪年龄下降、团伙犯罪和暴力犯罪现象突出等特点。面对新的形势，健全法制教育课程，加强对学生的法制教育已成为一项紧迫的任务。

关键词　中学生　法制教育缺失　路径

法制教育作为一种意识形态的教育，对良好的社会环境的形成、精神文明建设、依法治国方略的实现、社会主义民主政治的实现有着至关重要的作用。加强法制教育，根本问题是教育人。作为祖国的未来，人民的希望的中学生，他们在社会发展中的地位和作用是十分重要的。在社会转型过程中，由于受多种因素的影响，中学生的价值观呈现多元化。如何让他们树立远大的目标和理想，树立正确的人生观、价值观，这是每个教育者都应积极思考的问题。

一、中学生法制教育之内在规定性

（一）法制及法制教育的含义

法制一词，古已有之，但对其意义，历来有不同的解释。中国古代，乃指国法、法律或典章制度，强调法律制度的形式意义，即任何法律制度，只要是国家创制的都有一律遵守的效力。近代意义的法制，从静态角度，解释为"法律制度"。法制，泛指法律和制度的总称。统治阶级以法律化、制度化的方式管理国家事务，并严格依法办事的一种原则，也是统治阶级按照自己的意志通过国家权利建立的用以维护阶级专政的法律和制度。从动态角度，解释为严格执行和遵守法律和制度依法进行活动的一种方式，即立法、执法、司法、守法和对法律实施的监督，也包括法制宣传教育在内。其基本含义是：有法可依、有法必依、执法必严、违法必究。本文所指的法制既包括静态角度的内容也包括动态角度的意义。法制教育是指传授法律的基本知识，培养法律意识和守法习惯的教育。

（二）法制教育的作用

邓小平曾指出：加强法制，重要的是进行教育，根本问题是教育人。加强法制教育不仅可以培养全民的法律意识，提高法律修养水平，形成依法办事的习惯，而且可以在全社会树立宪法和法律的权威，形成良好的法律氛围和执法环境。由此可见，法制教育发挥着重要的不可替代的作用。

首先，法制教育具有重要的政治教育功能。笔者认为，法制教育可以通过揭示法律和政治的特殊关系，使教育者理解法律是如何通过对政治关系、政治行为、政治问题的协调、规范和解决，从而影响政治生活，达到政治目的，进而实现政治法制化。法制教育能够利用法律的合法性、权威性和不可置疑性的特点，促使受教育者从法律的角度审视我国社会主义政治现象，产生健康的政治动机、积极的政治态度和坚定的政治信念，并从现代民主政治的角度理性地思考社会政治现实和个人的政治行为。

其次，法制教育是"依法治国"的需要。党的十五大确立了"依法治国，建立社会主义法治国家"的宏伟目标。所谓"依法治国，就是广大人民群众在党的领导下，依照宪法和法律的规定，通过各种途径和形式管理国家事务，管理经济文化事务，管理社会事务，保证国家各项工作都依法进行，逐步实现社会主义民主的制度化、法律化，使这种制度和法律不因领导人的改变而改变，不因领导人看法和注意力的改变而改变"。江泽民同志这段话明确指出了广大人民群众是依法治国的主体和主要力量。但是，由于我国法治的基础比较薄弱，人民群众的法律意识很低，这势必影响依法治国的实行。因此，必须大力开展法制教育，让人民群众了解法律，遵守法律，正确运用法律维护自己的权利，履行自己的义务，没有这些，依法治国就是一句空话。加强法制教育是依法治国的基本内容和要求。

再次，法制教育是社会主义市场经济的必然要求。市场经济是法治经济，它一方面建立了比较完备的调整各种市场行为的符合市场经济规律的法律体系；另一方面，确立了法律在市场经济活动中的权威性，即法律在市场经济中的统治地位。因此，培养市场主体的法律意识是发展市场经济的首要任务。

第四，法制教育是建设社会主义精神文明的需要。"搞好法制教育，增强全体公民的法律意识和法制观念，是社会主义法制的基础工程，也是加强社会主义精神文明的重要内容"[1]。社会主义精神文明建设的根本问题是提高人的素质，重在教育和培养一代又一代的"四有"新人，法制教育本身及其产生的结果对人的素质的其他方面，如价值观、道德素质、思维方式、精神状态等各方面都有积极而重要的影响。即法制教育有利于人的素质的全面提高，是培养"四有"新人的一个重要环节。

二、当前中学生法制教育之缺失

虽然在社会各界和广大教育工作者的努力下，中学生法制教育取得了一些可喜的经验和成绩，具备了一些有利条件，但是当前在中学生法制教育方面仍然存在若干问题，主要表现为人们对中学生法制教育思想上不够重视，甚至有不少人认为中学生主要的任务就是学习，如果搞法制教育会影响学习成绩；教育部门没有把法制教育放在重要位置；教育者法制素质不高，对中学生法制教育的重要性认识不到位；中学生对法制教育不够重视等，具体说来，表现在以下方面：

（一）学校方面，素质教育落实不到位，法制教育的实效性差

在校学生是青少年的主流，学校是青少年法制教育的主阵地，但在学

校教育中，与其他课程相比，法制教育仍然得不到足够的重视。目前，虽然社会各界都认识到素质教育的重要性，但应试教育的影子仍然挥之不去，升学率还是家长、社会以至学校自身对教育成果的评判标准，虽然有些学校领导自己也认为法制教育非常重要，但也感到无奈。在课堂教学中，一般来说，法制教育的地位并不突出，教育方法通常也都是传授知识的教育，教学内容老化，缺乏案例式的教学形式，缺少生动真实的事例，远离学生的生活实际。由于上述原因，影响了学校法制教育的开展，法制教育教学的实效性较差。

（二）学生方面，对法制教育的思想重视不够，学习积极性不高

由于不是重点学科，学生往往对法制教育的重视不够，学习的积极性不高，学习上一定程度地存在应付现象，学习效率不高，影响了法制教育的实施。大多数学校的法制教育往往局限于课堂教学，且教学方法简单，经常是采取单一灌输的方法进行教学，缺乏直观、形象的教育手段，学生学习兴趣不浓，学习的积极性不高，使法制教育达不到好的效果。

（三）教师方面，教育者整体法制素质不高，影响法制教育的效果

目前绝大多数学校的法制课教师基本上是由思想品德政治课教师兼任，他们往往一方面缺少必要的法学理论和法律知识，另一方面又缺乏实践经验，遇到实际问题，就显得束手无策，甚至解答不了学生生活中遇到的问题，教学质量大打折扣。

（四）学校、社会、家庭的法制教育缺乏有机结合，没有形成法制教育合力

不少人认为，对中学生的法制教育，只是学校有这方面的教育任务，社会、家庭不用承担太多的责任。在教育管理中由于缺乏合力，学校、家庭、社会的教育不能有机结合，许多家长对在校生往往把希望寄托在学校，很少对自己子女进行有效教育，即使进行教育也很有限。学校管不了，家庭管不好，社会环境的约束力量有限，因此，造成法制教育脱节、死角现象突出。只靠学校和老师在那里演独角戏，没有形成教育的合力，必定造成教育效果低下。

因为这些问题的存在，影响了法制教育的实施和落实。从我国目前的教育模式看，一个重要的特征就是，重视应试教育而忽视法制教育，这在我们的中学阶段特别明显。并且在中学和小学阶段，学生们所接触的法制教育，也只是有关法律的一些理论阐述，多是法律内容的知识性传授，是

远离他们生活实际的法制教育。这就使得他们对法律缺少应有的必要的敬畏，因此，在现实生活中，中学生不懂法、不惧法、不守法的现象时有发生。

三、当前中学生法制教育缺失之危害

据 2011 年 4 月 28 日《大河报》报道，广东省仁化县两名未满 18 岁的少年，凌晨从游戏机室出来为寻刺激取乐，竟联手拳打脚踢、火烧路边一名乞丐，导致乞丐重伤，经抢救无效死亡。这两名少年为何火烧乞丐？据他们交待是"找点刺激的东西玩一下"，于是就拿路边的一个乞丐"解闷"。这些叙述让我们不禁惊叹：两名少年杀人的动机竟如此简单，但手段却又如此残忍；我们更要悲叹的是，这两名少年对法律的认识竟如此无知，这是谁的悲哀？[2]

还有些违法犯罪的中学生，胡作非为时，根本不知道自己的行为已经触犯了法律，有的被逮捕时，还不知道自己的行为是犯了罪。某中学初三年级学生郑某，参与抢劫，破案后，公安人员将其带到派出所时，他对民警说："抢来的钱，我没有分到，此事和我没有关系，请快点让我走，学校晚上 10 点钟关门，迟到了就回不去了。"[3]

对法律的无知竟然使他们意识不到自己的行为在违法犯罪，意识不到自己的行为将受到法律的制裁，这又是何等的悲哀啊！

其实，中学生因为寻找"刺激"，或是看别人"不顺眼"，从而导致残忍杀人的恶性案件近年来并不少见。为什么会出现这种情况？一个主要原因就是中学教育中法制教育的缺位，忽视了对中学生这一特殊群体的法制教育，从而导致中学生法制观念淡薄。由于忽视中学生法制教育，使得中学生法制观念淡薄，不知法、不守法，导致他们很容易走上违法犯罪道路，给国家和社会带来巨大危害，也严重影响青少年自身的成长。当前青少年违法犯罪现象的特点可以用"数量多、危害大、蔓延快"三个词来概括。从数量上看，全国约 2.5 亿学生，其中违法犯罪青少年约占青少年总数的万分之六；大城市更高，达到万分之二十点六。其中青少年犯罪占刑事犯罪的比例达 70% 左右；从危害性看，由于青少年生理尚未成熟，思想单纯，易于冲动，往往不计后果，其犯罪危害性极大。从蔓延性看，青少年犯罪模仿性强，其

犯罪行为、手段相互传播，结帮成伙，同一类案例在某一地区迅速蔓延开来，重复发生。还有相关资料显示：青少年犯罪案件中，在校学生作案逐年递增，其中以初中生居多，约占青少年作案人数的 18%～22%。如此严重的问题，不得不引起我们对中学生法制教育工作的反思。

四、当前中学生法制教育之必要性

改革开放以来，中学生周围的社会、学校、家庭环境发生了很大变化，出现了许多影响青少年成长的新情况、新问题。其中家庭教育的失误，学校教育的偏差和社会上各种不良或腐败风气的影响等，都会影响他们的健康成长，甚至会使部分青少年走上违法犯罪的道路。如果不重视中学生法制教育，就会有许多青少年走上违法犯罪的道路，就会有许多的青少年不知道自己的合法权益如何得到保障，我们的国家、社会可能会出现许多这样或者那样的种种问题。因此，我们要充分认识到对作为青少年主体的初中学生进行法制教育的必要性和紧迫性。

我们要把中学生看作是正在走向社会化的现实的个体，对他们及时进行法制和道德方面的教育，以保障广大中学生的健康成长，维护校园安宁，实现社会的稳定。要抓好青少年违法犯罪的预防工作，防患于未然，而尽量不要当"灭火员"，不要等到亡羊以后再去补牢，因为那样尽管有一定的成效，但是毕竟要付出更加高昂的代价。

挑战总是与机遇并存。法制教育面临的这些问题，一定程度上影响了中学生法制教育工作的深入开展。因此，我们广大教育工作者要正确面对当前法制教育存在的问题，提高对中学生法制教育重要性的认识，采取切实措施，改进教育教学方法，提高学生学习法律的积极性，加强德育教师队伍的建设，形成学校、家庭、社会的教育的综合网络，认真解决目前我们面临的这些问题，提高教育的实效性。

五、解决当前中学生法制教育缺失之路径

中学生法制教育是个包含学校教育、家庭教育、社会教育等多个环节

的系统工程,因此在实践操作上,一方面要注意各个环节的法制教育工作向纵深推进,另一方面要加强各环节间的配合,增强法制教育的系统性、实践性和持久性。

(一)学校教育是对中学生进行法制教育的主要阵地

在对初中学生进行法制教育的途径中,由于学校集中了大量受过专门训练的有经验的老师,学校教育内容比其他方面的教育更丰富、更全面、更系统,它传授着历史的和现代的、精神生活方面和物质生活方面的知识财富;学校教育方式采取的是集体的、有规则的活动方式,这很显然也是优越于其他教育方式的。[4]

(二)家庭教育是中学生法制教育的重要基础

家庭教育是保障未成年人健康成长的基础环节。家庭是未成年人成长的摇篮,是培养未成年人良好生活习惯的开端,对未成年人进行法制教育,重要的一环就是从家庭抓起;预防未成年人犯罪,家庭是第一道防线。提高家长的法律素质,充分发挥家庭在青少年法制教育中的作用,家长应抓好家庭方面的法制教育工作:

1. 思想上重视家庭方面的法制教育

家长要提高对孩子进行法制教育重要性的认识,树立起"为国教子"的使命感和责任感。家长应提高家庭的教育在构建社会主义和谐社会中重要性的认识,高度重视家庭中对子女的法制教育。

2. 优化孩子成长的家庭环境

家庭是孩子的第一课堂,营造一个互敬互爱、健康向上、和谐有序的家庭氛围对每个孩子的健康成长都是至关重要的。家长要有现代观念和意识,特别注重对孩子思想品德、人格陶冶、法律观念等方面的教导,努力使孩子成为未来社会所需要的全面发展的人才,提高家庭教育的质量,注重优化家庭教育的环境。家庭要注意建立在平等、民主、相互尊重的人际关系的基础之上。

3. 家庭法制教育要注意教育方法

通过谈话的方法,利用电视、杂志、报纸、网络等工具选用生动活泼的案例进行正面或反面的教育,应该特别注意坚持以正面教育为主的原则,可以陪同他们观看法制类节目,如《今日说法》、《道德与法制》、《社会经纬》等栏目,增强他们学法、知法的兴趣。家长还要通过言传身教,更多的是用自身行为来影响、感染孩子。

（三）引导中学生进行自我教育是法制教育的关键

所谓自我教育是指学生在老师的指导下，为实现自我成长目标，依据一定的标准对自己的思想和行为进行认识、约束控制的活动，通过自我教育明辨是非，树立正确的人生观、价值观和社会道德观，从而促进中学生的健康成长。中学生法制教育目标的实现，最终是要通过中学生将社会道德、法律要求内化为自我认识来实现，因此学生既是教育的客体，更是教育的主体，对于学生，任何外界的其他因素，如家庭、社会、学校等都是外因，都必须通过学生自己这个内因而起作用，没有学生的配合，没有学生的认同，其他形式的教育都是虚无缥渺的，不切实际的，很难取得实际效果。因此，学生教育最终还须通过学生自我转化来实现。

（四）构建学校、家庭、社会和学生自身相结合的法制教育网络

学校、家庭和社会共同担负着中学生法制教育的责任。在充分发挥学校在中小学生思想道德教育中的主导作用的前提下，积极探索创建学校主导、家长和社会积极参与的新型法制教育协作体制。我国目前大中小学的在校学生已达2亿多人，要充分利用学校教育的特点和课堂教学的优势，发挥学校在青少年学生法制教育中的主渠道作用，使学校成为青少年学生法制教育的重要阵地。在中学生法制教育问题上，学校负有特别重要的责任和义务，学校法制教育在整个中学生法制教育网络中处于核心位置。

加强学校与家长在法制教育方面的沟通，强调法制教育的综合性，扩展法制教育空间。针对问题学生的家长和部分认为教育只是学校责任的家长进行个别谈心，必要时可以成立家长学校，通过家长会时间给家长进行法制讲座，以提高家长法制教育的责任心，使法制教育在学校、家长之间形成良好的循环。可以通过家长委员会、家长学校、校长信箱、家访、联系簿、网络等行之有效的家校合作方式，加强学校和家庭的交流和沟通，推广法制教育的成功经验等。

（五）通过多种教育方式，培养中学生的守法行为习惯

我们要革新教育教学方法，提高教育的实效性，探索中学生法制教育的有效方法。中学生法制教育不能仅仅局限于课堂教学，还要走出课堂，充分利用社会的各种资源、多种方式进行。我们了解到全国各地都创造性的开展形式多样的法制教育活动，出现了很多卓有成效的教育教学方式。

我们要充分认识到中学生法制教育的重大意义，采取有力措施，动员学校、家庭、社会和中学生自身等方面的力量，构建起以学校为核心，家

庭、社会和学生自身构成的法制教育网络，以自己的实际行动为中学生法制教育尽自己的努力，使每个学生都健康成长，使我们的校园和谐愉快，使每个家庭都幸福美满，使我们的整个社会平安、稳定。我们要通过加强对中学生的法制教育，培养他们的法律意识和法律素养，努力把中学生培养成为有理想、有道德、有文化、有纪律的社会主义建设事业的合格人才，为构建社会主义和谐社会作出应有贡献。

注释

[1] 卢少军：《中学德育课程与教学研究》，山东人民出版社，2004年8月版，第114页。

[2] 张麦：《打死乞丐，主因是社会"歧视"》，齐鲁晚报，2005年8月30日。

[3] 山东省教学研究室：《思想政治教学参考书》，山东人民出版社，2004年版，第10页。

[4] 康树华：《青少年犯罪与治理》，中国人民公安大学出版社，2000年6月版，第222页。

浅谈学校德育工作

抚州职业技术学院　陈日峰

摘要　新的历史背景下，德育工作在学校教育中具有重要的意义，这一点在高职院校表现得尤为突出。由于高职院校生源复杂，学生的思想差异大，故高职院校德育工作普遍存在着与时代脱节的现象。只有打破老旧思路，深入了解当代高职院校学生的个性化差异，才能培养出符合时代精神的合格技术型人才。

关键词　德育工作　高职院校　思想差异　固有模式　新时代背景　时代感　个性化

对于新时期高职院校的教育工作而言，德育工作具有重要的意义。要培养新时期合格的高技术型人才，德育须先行。高职教育与普通高等教育相比，由于其生源复杂，学生思想差异大，故有其特殊性。高职院校德育工作只有针对高职院校学生的特点，才能行之有效。因此要加强高职院校的德育工作，就要打破以往"高、大、全"式的空泛说教，深入了解学生的思想状况而开展具体的有针对性的德育工作。

一、目前高职院校德育工作中存在的问题

（一）工作目标脱离现实

高职院校德育工作应以培养符合新时期社会主义现代化建设需要的合格人才为具体目标，应符合学生思想品德发展的规律和接受能力，注重培

养学生的自主能动性以及自我发展的创造性。而目前我们的德育工作现状是不考虑高职院校学生的差异与特殊性。在教育学生与评价学生时一律套用固定的模式，脱离学生实际的道德认知水平，对学生提出不切实际的过于理想化的目标要求。而许多反映新时代的内容及体现当代高职院校学生精神发展需要的个性化内容却没有纳入德育体系。

（二）德育内容陈旧

高职院校德育工作内容应具有时代性、创新性和前瞻性，只有这样，才能提高实效性。但在当前高职德育工作中，对大学生进行真实的、能够理论联系实际的、针对社会实际问题的教育很不够。对所有学生都是统一标准，没有深入实际去捕捉与学生生活密切相关的个性化道德困惑的内容，往往是以传统思想观念来要求学生，缺乏层次性和针对性。德育教科书总是滞后于现实已是一个不争的事实，用这样的教科书所教授的内容会使学生的思想产生一定的偏差。具体表现是，方向性与时代性不能相结合，缺乏正确的政治方向和育人导向；时代发展的实际和高职学生的思想状况不相结合，缺少既遵循思想道德教育的普遍规律又适应高职学生身心成长特点的富有成效的教育活动。

（三）德育工作方法单调

在长期的德育工作中我们已逐步形成了一整套方式方法，这对于我们做好高职院校德育工作具有借鉴作用。然而，在新时期的背景下，高职院校德育工作的要求更高了，工作的难度也就加大了，而大多数情况下我们却未能因势、因人而转变，与高职院校学生的实际情况不兼容，德育方法陈旧老套、形式单调、缺乏趣味。在德育教学过程中，我们习惯于清一色的"高、大、全"式的说教，而对学生的现实状况及学生的个性却涉及较少。高职院校的生源复杂，学生的思想差异也较大。不去研究教育对象的思想差异以及造成这种差异的深层次原因，德育教育就必然会脱离当代学生的实际，变成空泛的说教。有时为了追求就业率，学校特别强化学生的技能，而忽视了学生如何做人、做一个什么样的人的大问题。

二、高职院校德育工作该如何改进

高职院校德育工作要跟上时代，就必须从根本上研究和适应当代高职院校学生的特点，使德育工作更具有感染力及时代感。

（一）高职院校德育工作的改进首先必须在德育课程设计上更新观念，增强时代感和针对性

树立科学的德育观和育人观，德育课程体系要以高职院校学生思想现状为出发点，加强针对性，不墨守成规，不照本宣科。要重视并深入剖析高职院校学生的个体思想差异，因人施教，有针对性地开展具体的思想教育工作，要紧紧围绕时代特点，及时了解国内外形势，适应时代发展要求，适应社会环境，有针对性、方向性，目标准确地开展德育工作。培养高职院校学生在道德上的自觉性，树立正确的具有时代性的道德观。

（二）新时代背景下的高职院校德育工作必须要增强教学方法的可行性和时代感

当前，在经济全球化、科技一体化、文化多元化的时代大背景下，高职院校学生的思想意识和价值取向也随之发生了很大的变化。根据教学的现实需要以及高职院校学生的个体特点，德育工作应采取灵活多样的教学形式，改变和摒弃固守的、不适应时代发展的单一的课堂讲解方式，更多地利用现代化教学手段，改变死板、僵硬的教学过程。要针对实际对象，充分激发学生道德培养的自觉性，更多地培养学生的理解能力，增强教学的实践效果。

（三）高职院校德育工作要实现教学内容的创新

高职院校德育教学内容的创新，就是要加强素质教育，丰富教育内容，加强实践教育内容。德育工作者应努力营造教育氛围，丰富教学情感，通过施加思想观念和道德人格的影响，使学生理解人生，完善人格，树立高尚的科学的世界观和人生观，进而逐步地、全面地提升道德修养，树立无私奉献的价值观。德育教学内容要紧贴学生的实际环境，如：新生入学时进行职业生涯教育，毕业前进行职业岗前教育、就业观教育等。设计教学内容应着眼于全球新环境及我国改革开放所面临的新问题，进行理性思考，增强学生的认知感和分析问题的能力，实实在在地培养学生做人的基本素质，提升学生的品德。

（四）高职院校德育工作要创新，必须强化教学改革

高职教育的目标是培养高素质、高技能的创新人才。德育工作应该把促进高职生全面发展作为德育课程教学的基本价值取向和根本着眼点。在德育教学过程中，要强调、渗透、培养高职生的政治觉悟和思想道德素

质，要通过学生的观察、思考、运用，把教学内容转化为他们自身的本领和品德。另外，在教学中要尊重学生的人格，理解学生，贴近学生，更要了解学生的思想动态、心理活动，倾听学生的意见，增强学生学习的自觉性和积极性，真正做到寓教于乐。

（五）高职院校德育工作要进行形式创新

改革开放和完善市场经济体制的客观形势，对德育工作的实效性提出了迫切的要求。在教学实践中，要实现教与学的双边融合，要形成学校、家庭、社会三位一体的立体式教学。将教师主导作用和学生主观能动性紧密结合起来，根据新形势下德育工作的客观实际，以高职生的价值作为主体，去真正关心、满足学生的需要。在新的环境下，德育工作者要进一步理解高职生、关心高职生、服务高职生，深入到学生中，和他们融为一体，把促进高职生全面发展作为自身使命。这样，把德育渗透到高职院校的各个环节、各个方面，进而促进高职学生健康、快乐、全面地发展。在提高思想政治理论课教学质量基础上，还要通过讲座、党团组织建设、精神文明创建、校园文化建设等多种途径，通过社会实践以及青年志愿者等公益活动来鼓励学生接受锻炼，要利用各种重要节日、纪念日所蕴藏的宝贵的道德教育资源激发学生。长此以往，便能潜移默化地培养他们良好的道德素质。德育工作者在日常教育过程中，要坚持正确的价值导向，坚持学校、家庭、社会三结合，实现德育工作的社会化，使学生走出校门，了解社会，接触群众，提高教育实效，最终形成学校、家庭以及社会三位一体的立体式德育环境。

（六）高职院校德育工作要创新，必须丰富工作途径

首先，要建立优质的思想政治教育工作队伍，定期组织培训，开阔视野，充实理论，用新理念、新方法武装教师的头脑。要加强教师的相互交流学习，使他们互通有无，不断进步，从而适应新形势发展的需要。其次，要充分利用现代化教学手段，开展网络德育，不断利用网络资源及便捷的信息资源，加强校际往来，定期研讨，随时探讨，大胆尝试新教法、新手段，不断注入启发式、讨论式、辩论式、观摩式、现场式等教学方法，营造教育氛围。要重视校园文化建设，充分发挥学生社团的作用，经常开展丰富多彩、灵活多样的活动，丰富校园文化生活，陶冶学生情操，提升学生的综合能力。

要加强高职院校德育工作，仅仅依靠单一的思想政治课教育是难以奏

效的，它是一个系统工程，需要全社会、学校各级组织的协调配合，才能产生实际效果，而更重要的还是促进高职生自身修养及习惯的养成，使之在思想上、行为上成为对社会有用、对国家有为的人。

总之，高职院校德育工作只有打破旧的思路，在德育内容、形式及方法等方面不断创新，适应当代高职院校学生的个性化特点，从而使之符合新时代背景下的德育工作要求。

木受绳则直

南岳区实验中学　周书华

班级是学校管理组织的细胞，它既是学校教育教学的基本单位，也是学生健康成长的基层组织。学生的成长离不开班级。班级目标是班级发展的方向和动力，没有明确的目标，就不可能出现思想统一、行动一致的班集体。集体荣誉感是增强班级凝聚力和激发学生战斗力的催化剂，学生没有强烈的集体荣誉感，班级目标的实现也将是一句空话。而班主任的素质又直接影响着每个学生的健康成长和班级的质量。故曰：木受绳则直。

一、班级目标培养学生集体荣誉感

班级目标是班级发展的方向和动力，没有明确的目标管理，就不可能出现思想统一、行动一致的班集体；集体荣誉感是增强班级凝聚力和激发学生战斗力的催化剂，学生没有强烈的集体荣誉感，班级目标的实现也将是一句空话。我从组织学生学习《班级规章制度》入手，以学校"常规检查评比"为契机，要求学生以"读好书、做好操、值好日、说好话"为切入点，达到"正德、正言、正行"之目的，为争创"优秀班级"创造条件。

为了培养学生的集体荣誉感，我要求学生积极参加学校举办的各项活动，激发学生的竞争意识。如：2009年5月4日，学校为庆祝"五四"青年节，特地举办了庆"五四"文艺汇演晚会，我从学生中挑选5个群口相声表演者，让他们自编自演《谁最重要》。经过近一个月的艰苦训练，"功夫不负苦心人"，我班表演的节目最终获得了文艺汇演一等奖，同学们一个个手舞足蹈，兴奋不已。通过参加这次活动，同学们一致认为学习上虽然差点，但我班同学的表演天赋强于其他班级。在随后的几次校级文艺演出当中，我班都有高质量的节目参赛，热爱班级的感情上升至极点。确实，参加学校组织和举办的各项活动，对提高学生的班级荣誉感的作用是巨大的。我在争创学校"常规管理优秀班级"时，采取的具体措施是把班上同学分为6个小组，然后各组采取量化评比的方法，班主任按学校常规检查项目制定一个量化评比表：卫生、自习纪律、学校的各项集体活动等方面各占10分，卫生做得差，扣小组1分，晚自习纪律不好，扣小组1分。组长和班长担任评委，为了保证评分的公正性，组长不评本组的分只评其他组，班长可以对全班各组总体评价，而班长不属于任何一组。从星期一到星期五，再把这个星期每组的评分加起来，就是每周每组的评分，然后各组比较，得分少的，显然是表现差的，得分多的，表现较好，然后班主任根据得分结果，对表现差的组予以批评、引导，对表现好的组则给予表扬、鼓励。全班逐渐形成了比、学、赶、帮的热潮，成为有秩序、有凝聚力，充满生机和活力的班集体。

二、用"身教"塑造美好的心灵

"师者，人之模范也。"在学校教育中，由于班主任的言行具有示范性，他们的品德、行为随时都可能给未定型的学生留下深刻的印象，潜移默化影响着学生的思想和行为。为此，班主任对学生的思想教育和日常行为管理方面，用不言之化、行为之范感染学生追求崇高，用"胜不骄、败不馁"的精神去感召学生追求卓越，教育学生在挫折和困难面前成为当之无愧的强者，引导学生不陶醉于成功的喜悦中而不思进取和不沉溺于失败阴影里而不能自拔。为此，我在教育实践中，采用的是积极的介入法，每天深入教室、操场，与学生打成一片，走进学生心灵世界、接触学生真实思想、关心学生学业成绩、关注学生行为习惯。把学生的个性特长、喜怒哀乐、寒暑冷暖、信任宽容放在心间。努力做到教书育人精神饱满、身体力行；处理问题沉着果断、胸襟宽广；对待困难百折不挠、勇往直前。还用爱心温暖学生，用情绪感染学生，用行动引导学生，为学生树立"为人师表"的道德形象，为学生的健康成长起到榜样和示范作用。

三、让"惩戒"教育美丽动人

在提倡表扬、奖励、赏识的同时，我也充分挖掘"惩戒"在教育中的积极作用。我在对"后进生"的管理过程中，采用了"说理"和"惩戒"两种教育手段。说理，使学生认识到自身存在的问题，并愿意改正。但要学生纠正错误，还必须有足够大的外力。而适当、合理的"惩戒"教育就是这个外力。例如：班上有个叫彭琦的学生，调皮捣蛋，让科任老师束手无策，我先是动之以情，晓之以理，跟他说理，收到一点作用，我知道对他的改变并非一朝一夕。一般小事我不"惩罚"他，只用以柔克刚的办法冷处理，几次犯大的错误，我就会严格"惩罚"他，除了扫地之类的处罚外，我有时还会叫他停课"反省"，并让他明白：一个具有较强的自觉性、自律性的人，一个能对自己的行为承担责任的人，才是健康成长的文明人。这样就使"惩戒"变得美丽动人，成为一种激励学生奋发向上的精神力量。让学生理解"哪些界限是不能逾越的，逾越了就要承担责任的"，实际上师生之间思想交锋、心灵沟通的过程，是让学生体会老师关心他健康成长的过程。

四、更新自己的教育观念

在长期的教育实践中我认识到：观念陈旧、理论匮乏，以及教育方式、方法落后等问题，是制约素质教育的主要原因。因为教育观念落后，不利于学生生动活泼地发展；教学模式单一，不利于学生的个性发展和优秀人才的脱颖而出；教学方法过死，使学生变成了被动的接受知识的容器；考试方法僵死，考试内容死板，使得学生死读书本；对学生以分定优劣的评价严重束缚了学生创造意识的形成和创造力的发展。这些问题的解决，有赖于教育观念的改变。

新的世纪惟有创新才有希望。教师的创新能力表现在能以创新精神对待教学和管理工作，勇于改革，敢于创新。在教育教学中，要敢于有所突破，在理论上要敢于在前人基础上求新求异，向前发展；在教学的组织、教学方法的运用上要探索规律，大胆创新实践。

总之，班集体是学生成长的摇篮，是提高学生素质的阵地，在管理中，明确目标，培养集体荣誉感，言传身教，适度的"惩戒"，有益管理。

新生入学教育辅导研究

——以高等院校为中心

东华理工大学　刘媛媛　魏强林

摘要　大一学生刚从高中进入大学，周围的环境、学习方式、生活状态发生了很大程度的变化，所以新生辅导员的引导和教育工作显得尤为重要。辅导员应该加强自身素质，从生活、学习的各个方面帮助学生完成这个重要的转变时期，使其尽快适应新的环境，促进其身心健康发展，树立正确的学习目标与价值取向。本文就辅导员对新生尽快融入大学生活起到的重要作用进行探讨，并结合实际工作经验就辅导员需要开展的相关工作提出几点意见和建议。

关键词　辅导员　新生　辅导

高校辅导员是直接从事学生思想政治教育和日常管理的主要工作人员，在青年学生成长成才以及现代教育改革中担任着非常重要的角色。尤其是刚入校的大一新生，各方面都处于一个相对不稳定的时期，周围环境发生变化，同学、学校甚至接触到的文化氛围可能和以前的经历有很大的不同。在这种情况下，新生辅导员的引导和教育工作显得尤为重要。在学生日常的学习和生活中，辅导员不仅要帮助其尽快适应新的生活环境，更重要的是要培养其健康的心理素质和健全的人格，为日后进入社会从事工作奠定一定的基础。因此，大一新生的入学教育工作在整个大学生的日常管理中起着举足轻重的作用，一个好的开始甚至会决定学生整个大学的学习、生活习惯与状态。

新生辅导员的水平和质量直接关系到大学人才培养目标的实现。作为高校辅导员，应该与时俱进，对待学生日常的思想政治教育，要与新时期学生的自身特征相符合，帮助其施展才能。近些年来，一些高校中工作时间较长的辅导员可能会处于职业倦怠状态，常常表现出疲劳感，性急易怒，容忍度会降低，缺乏活力，没有工作热情，可能会减少日常和学生的接触或者给予较少的帮助。所以，一些高校的辅导员工作由专业课老师担任，特别是由年轻老师来担任。这样对学生很快的接收专业知识，进入专业学习阶段有所帮助。同时，年轻老师的年龄与学生相差不是很远，各方面兴趣、爱好会有所相同，在许多问题的看法上也容易达成共识，有利于沟通与交流，易于老师和学生之间培养成为朋友似的师生关系，更容易取得学生的信任。所以，一般高校选择年轻老师担任新生的辅导员工作。

学生刚从高中进入大学，周围的环境、学习方式、生活状态都会发生各种变化，所以辅导员应该从以下几个方面着手，帮助其完成这个重要的转变时期，树立正确的学习目标与价值取向。

1. 较多的自由时间导致不能合理的支配学习生活。学生初进大学，普遍面临的一个问题就是课堂教学时间的大幅度减少。大学的学习不像高中，学校几乎帮助学生安排好了全天的学习课程。大部分学生在这样的情况下有些不知所措，不知道该怎样支配时间。一方面，觉得自己的天空开阔了，这是向往已久的自由生活；另一方面，又很迷茫，他们不知道该怎样利用时间，导致部分自制力稍差的学生沉迷于游戏，甚至荒废掉自己的学业。所以，在新生刚入校的时候，辅导员就应该明确地指引学生，大学的学习除了课堂，应该花更多的时间在课外进行消化与吸收，培养自觉学习的习惯。特别是大一的基础课程，跟以前高中老师的教学不一样，由精、难转变为泛、简，所以，新生辅导员应注意学生日常的情绪变化，加强与学生的交流，帮助其尽快适应环境。

2. 注意学生的个性化特征，发展兴趣、特长。现代社会需要的不仅仅是具有专业知识的技术人员，还应该具备较高的综合素质。大学以前主要是对学生的通识教育，学生已经适应了每天背诵单词，练习习题等模式化的学习方式，课余时间较少，而进入大学后，学生在完成日常的课程任务外，应根据其个性特征，注重发展其兴趣、特长。所以，辅导员应该在日常的教育中多挖掘学生的潜能，培养学生的创新意识，为他们的全面发展提供必要的支持与帮助，同时，尽可能地为学生就业提供必要的服务和指导。

3. 培养宽容以及接纳的个性心理。大学是一个施展个性的舞台，来自全国各地的学生,其生活环境和所接受的文化氛围都有很大的差异,导致部分同学的生活习惯有所不同,特别是北方生源来到南方或者是南方生源来到北方学习,由以前的家庭生活变为集体生活,同学之间相处的时间增多,出现小摩擦或者矛盾的机会也增多了。所以,辅导员在日常的教育管理中应该多加强与学生的沟通,通过聊天谈心的方式帮助其形成接纳的个性,宽容地对待周围的人和事。

4. 让学生学会分享与交流。中国传统的教育模式以及90后大都是独生子女的家庭背景下,学生中存在着一些共性的心理问题,如:社会责任感缺失,艰苦奋斗精神淡化等,这使得学生在刚进校门时对自己崭新的生活比较彷徨。大学里各种各样的组织与社团,课余时间的增多使得部分学生不知所措,对于性格较内向甚至有些孤僻的学生,慢慢地会造成心理一定的负担。辅导员应该注意培养学生善于与人沟通和分享的习惯,把心理的疑惑不解与信任的老师、友好的朋友,或者是学校心理辅导机构的老师分享,这样会降低高校中心理抑郁学生的比例,减少学生心理疾病的出现概率。

5. 重点关注特殊学生。高校的贫困生问题是一个长期存在的社会问题,已经引起社会各个机构的广泛关注。近些年来,国家、政府、学校及社会各界已经建立了完善的资助体系,对贫困生进行经济上的资助,帮助其顺利完成学业。同时,高校还会通过一些心理辅导或者团体素质拓展活动来帮助贫困生适应集体生活,消除精神上的压抑,建立健全的人格,最终实现自身的全面发展。一般来说,特殊学生包括:家庭条件困难和有心理障碍的学生。家庭条件困难的学生平时生活拮据,可能会为生活费而困扰。他们中的部分同学会通过勤工助学、周末打工等途径来解决生活问题。这些学生中经常会有一部分人出现性格孤僻,将困难埋藏在心底不愿与人倾诉的问题,甚至会有自卑的表现;有心理障碍的学生往往个性比较独特,思维方式和行为举止异于普通学生,并且坚持独来独往,不善于交流。所以他们一旦遇到挫折,可能会难以自拔,甚至会造成失踪、自杀等恶果。因此,辅导员应该重点关注这类学生,及时了解他们的学习状况、家庭情况以及思想变化,常常与他们沟通,用语言和行动去关爱他们,通过学校的绿色通道和辅导机构去帮助他们,使他们远离困境,做一个身心健康、积极向上的大学生。

6. 引导学生树立正确的奋斗目标。新生都是经过12年的寒窗苦读来到大学，之前的奋斗目标一直是考上大学。高中期间，学生的学习状态大多是两耳不闻窗外事，一心只读圣贤书，他们对社会、对人际关系等抱有太多不现实的看法。进入大学校门后，大部分学生一下子失去了目标，不知道自己该怎样面对自己的学习和生活。辅导员应该多鼓励新生去听知识讲座，了解自己的专业，增加对社会的了解。每学期开学期间，为了尽快让学生从假期的放松状态恢复到紧张的学习状态，应当适时地给他们灌输当前的就业形势，敲响警钟，让学生意识到就业现实的压力。从大一开始，就要引导学生树立正确的奋斗目标，帮助学生根据自己的条件、爱好和能力，确定自己努力的方向。

总之，大一新生的辅导员工作对其学生整个四年的大学生活都会有直接的指导和影响。新生辅导员一定要具备责任心、耐心和热情，对学生日常的生活、学习和思想动态给予及时的了解与沟通，帮助其建立健康的身心、完善的人格，使其顺利的完成学业，走向社会。

关于班级旅游活动的研究

——以四川省源为例

抚州职业技术学院生态旅游系　刘　玮

学校组织旅游（春游、秋游）不仅能提高班级的凝聚力还能增加学生的知识，扩展学生的视野，让学生学到许多书本上学不到的知识。因此，加大对于学校旅游的研究也是提高我们基础教育质量的需要。

四川是我国自然和文化遗产最集中的省份之一。在我国列入世界遗产名录的35处遗产地中，四川有5处，居全国第二；国家级重点风景名胜区15处，居全国第一位。凭借得天独厚的遗产资源优势，四川跻身于旅游大省之列，2007年全省旅游收入达1217.31亿元，是全国第9个旅游总收入突破千亿的省市。其中，遗产旅游是四川旅游最抢眼的亮点。本文将以四川为例，分析一下班级旅游活动所应注意的事项及其规律。

一、旅游地的选择及其优劣分析——以四川为例

（一）四川作为班级旅游地的优势

2008年5月12日发生的里氏8级汶川地震，其惨烈程度几十年不遇。灾情最为严重的四川省人员伤亡惨重，诸多遗产景区受到不同程度的损坏。地震发生后，该省的旅游几乎全面停止。因此，在灾难发生之初即着手启动应急措施，制定和实施旅游恢复策略，这对于四川省的灾后重建和经济恢复具有极其重要的意义。同时，四川的旅游也可以让学生明白国家对于灾区的帮助和关爱，从而接受崇高的爱国主义教育和人道主义关怀教育。除此之外，四川作为旅游地，还有以下优势：

1. 旅游资源优势。全省目前拥有66个主要景区，其中2处自然遗产、1处文化遗产、1处自然文化双遗产、9处国家级风景区、7座国家级历史文化名城、64处博物馆、37个国家级和省级自然保护区。[1]地震给四川旅游造成的破坏主要集中在六个市（州），受灾最重的仅限于十个县（市），而全省主要的旅游景区、公共设施遭到的破坏只是局部的。同时，地震既是一种罕见的破坏，也造成了千奇百怪的自然和人文新现象和新面貌，留下了巨大的创新性利用空间。

2. 旅游品牌优势。四川拥有众多家喻户晓且品位高的旅游品牌，如大熊猫、九寨沟、峨眉山、川菜文化、茶馆文化等，并不断推陈出新。经过多年努力，四川打造出峨眉山、九寨沟与黄龙、大熊猫基地、都江堰与青城山四大生态精品区，形成了世界自然遗产、世界"人与生物圈"保护区网络成员、风景名胜区、森林公园、自然保护区和地质公园等生态旅游项目。2004年推出"世界遗产之旅"品牌，峨眉山、乐山大佛、都江堰、青城山、九寨沟、黄龙4大遗产（6大景区）通过统一标识、统一营销等形式，组成一个丰富多彩、高品位的旅游产品。2006年四川重点打造出三大旅游品牌：以大熊猫为品牌形象的生态旅游、以太阳神鸟为品牌形象的文化旅游和以农家乐为品牌形象的农村旅游。

党和中央政府非常重视四川省旅游产业灾后的重建和重振工作，提出"把旅游业作为恢复重建的先导产业，优先安排恢复重建基金和鼓励各类投资基金等用于旅游基础设施和旅游企业的恢复重建，尽快全面恢复旅游业的发展"[2]。灾区及四川人民在灾难面前表现出的感人事迹和战天斗地、永不言败的生活态度充分显示了人们重振灾后旅游的坚强信心。

（二）四川作为班级旅游地的弱势分析

为了深入研究当地各个地域遭到不同程度的破坏，分别对各地区的不同景区按类别划分做了统计，进一步验证以上分析与判断。

1. 从破坏程度来看，灾后四川省有65处重点文物保护单位和119处省级文物保护单位全部垮塌或面临垮塌；从生态旅游地遭到破坏来看，4000多个旅游景区中有568个遭到不同程度的损坏；不仅如此，民族文化旅游地遭到破坏，休闲旅游地和乡村旅游地遭到破坏，古镇旅游地遭到破坏，旅游交通、通讯设施也遭到破坏。四川省旅游局的统计显示：四川汶川大地震造成全省旅游业损失达624亿元，相当于2007年全省旅游总收入的一半[3]。

表1 5·12四川地震景区受损情况统计

重灾区	风景区名称	级别	毁损情况	毁损程度
都江堰市	青城山	世界文化遗产、国家5A级旅游景区	前山建筑屋脊、屋面全部毁坏，大部分古建筑倾斜，部分垮塌，上清宫、天师洞部分受损；后山的五龙沟、飞泉沟受损严重，部分景点已经被滑落的山体掩埋；外山的普照寺也破坏严重，大雄宝殿房顶已经全部坍塌，正在修建的居士楼摇摇欲坠，天灯等千年文物被严重破坏	严重受损
	都江堰	世界文化遗产、国家5A级旅游景区、全国重点文物保护单位	伏龙观屋脊坍塌成为危房；二王庙被摧毁；秦堰楼下沉，戏楼、厢房、52级梯步、照壁、三官殿、观澜亭、疏江亭、前山门等建筑和围墙全部垮塌；都江堰鱼嘴被撕裂	毁灭性的
青川县	白龙湖	国家级风景名胜区	各景点基础设施毁坏严重，景区办公设施及部分宾馆垮塌	严重受损
北川羌族自治县	猿王洞	省级风景旅游区、市级重点文物保护单位	景区道路全部损坏；主体酒店受损严重；后山别墅群全部破坏无法使用	严重受损
安县	千佛山	四川第三大自然生态景区	进山及景区道路全部损坏；山体滑坡形成了巨大的肖家河堰塞湖；温泉湖水下降近60米	严重受损
汶川县	卧龙自然保护区	综合性国家级保护区、国家"科普教育基地"、"爱国主义教育基地"	房舍严重受损，32套大熊猫圈舍中14套全部损毁、18套严重受损；1只大熊猫在地震中死亡	严重受损
	萝卜寨	世界上最大、最古老的黄泥羌寨	建筑几乎被夷为平地；居民房屋无一幸免地倒塌	毁灭性的
什邡市	西部欢乐谷	西部首座主题公园与风景名胜相结合的旅游产品	两座大山猛烈相撞，瞬间分裂成了三座山，景区山体变形；景区内20多家宾馆和农家乐被垮塌的山体彻底湮没，进山的惟一道路被彻底阻断	毁灭性的

（资料来源：四川省旅游局）

2. 从旅游心理来看：大地震对四川省相关旅游景区的建设和经营造成重创，灾后重建的任务非常艰巨。灾后旅游重建不仅是物质重建，同时是心理重建和文化恢复。灾后民众对安全和生活的信心需要重建，少数民众文化亟待修复。通过以上分析，社会大环境的不利因素仍然存在，按经济发展周期性理论，危机后一般需要3~5年才能逐渐走出低谷，恢复元气。当前，一方面由于世界经济已走出低谷，正在缓慢恢复，但完全恢复，预计还得1~2年时间，造成了世界旅游业的萎缩。再加上5·12地震产生的"心理危机"，极大地影响了人们的旅游信心。再者灾后重建负担沉重，地震后的恢复重建，仍是四川社会经济的头等大事之一，但完全恢复还需要一个过程。特别是重灾区的道路交通受损极为严重，如九环线交通，映秀至卧龙，汶川至北川，不但需要庞大投资，要求的时间周期也比较长。重建过程中必然加重全社会的负担，会较长时间内影响重灾地区的经济发展，基础设施受损仍是影响旅游业发展的物质基础。因此，震后的旅游业恢复建设任务仍然任重而道远。

从以上的弱势因素中反映出四川省旅游的抗震能力和救灾能力还比较薄弱，旅游危机管理的意识薄弱，比如抗风险能力较差，旅游安全体系建设弱。因此，全省旅游安全体系尚待完善，包括直升机场的建立、通讯设施、海事电话的设置等还亟需完善。

二、学校组织旅游应注意的事项

（一）自然灾害

自然灾害是学校组织旅游活动所应注意的头等大事。大量文献表明在四川省开发的旅游产品中，自然生态产品占大多数。在被调查中旅游管理比较注重常规安全（如森林火灾、泥石流、游客人身安全等），但往往忽视了非常规安全（地震、洪水等），尤其是对地质灾害易发区进行旅游项目规划时，缺乏充分考虑地质环境的影响，非常规的旅游应急机制和应急措施不健全。旅游区抗震防灾基础设施建设相对滞后，抗灾能力较弱。对突发事件的应对和协调能力有待提高。旅游经济优势尚未显现。四川是旅游资源大省而非旅游经济强省，旅游产业发展起点并不高，资源规划开发水平低，综合服务水平差，旅游资源优势尚未完全转化为旅游经济优势。四川生态旅游资源大多集中在经济不发达地区，经济发展的水平限制了基础设施的改善，基础设施的落后直接导致旅游产业的不均衡发展，反过来限制经济的发展，由此进入一个恶性循环。受条件限制，许多旅游景点采用了小规模经营模式，由此也带来边际成本的提高，增加的成本转嫁到消费者身上，严重削弱了旅游产品的市场竞争力。

（二）旅游交通

交通的便利与否也对学校组织的旅游活动提出了尖锐的挑战。根据交通住宿环境的限制，区域的可进入性较差不仅是四川也是整个西部旅游业的软肋，导致许多旅游景点只能吸引许多省内游客，而省外和国际游客的比例相对不高。近年四川民航、铁路、公路运输条件已有明显改善，但一些旅游目的地落后的经济条件和恶劣的自然条件，使四川西部地区的交通状况仍不容乐观。在住宿方面，目前虽然数量很多，但仍存在结构错位、行业从业人员的素质急需提高以及生态旅馆在建筑设计特色和生态特色不突出等诸多问题。

三、四川黑色旅游及其教育意义

（一）黑色旅游的概念和特征

查阅相关文献其中多处提到黑色旅游这一新概念。黑色旅游（DarkTourism）是近年西方旅游界所提出的新概念。它最早是在1996年由Glasgow Caledonian大学的两位教授玛尔考姆·弗尔列（Malcolm Foley）和约翰·莱侬（John Lennon）首次提出，即"dark tourism"（"黑色旅游"）。[4]

所谓黑色旅游指一种旅游者通过对黑色事件发生地的旅游景点或者模拟构造的黑色旅游情景的游览，从而获得满足受教育、好奇和受刺激等目的的旅游体验活动。这一概念是近年来国外特别是北美地区新兴的旅游研究领域，也是学者颇具争议的领域。黑色旅游具有以下特点：

1. 真实性

真实性是黑色旅游的首要性质。黑色旅游吸引物是历史遗产物，是对历史事件的复原，黑色旅游必须具有真实性。不能为吸引游客和增加收益而歪曲或忽视历史。黑色旅游景点是我们反思人类最严重的无节制需求所导致的一系列失败事例的重要的确凿证据。如果管理得好，就能帮助我们从人类历史最黑暗的一面中吸取教训。

2. 知识性

知识性是黑色旅游的实用性特征及其存在价值的体现，也是黑色旅游区别于其他旅游活动的最主要特征。黑色旅游的知识性主要指游客通过各种方式在体验黑色旅游的过程中获得自然、社会、历史、自身安全保护、个人道德建设等方面的知识。如果一种黑色旅游活动没有满足游客这方面的需求，它就失去了存在的意义。

3. 主题公园性

黑色旅游通过高科技手段的应用，如仿真技术、虚拟现实技术等，使游客在一种特殊的场合中获得感受或亲身体验。黑色旅游的实现需要特殊的场合，它不同于观光型旅游、休闲类旅游等传统的旅游活动。并且每种黑色旅游产品都有自己特定的主题，以现代高科技手段和文化载体为表现形式，与游客有很大的互动性，多属人工景区。

4. 情感的特殊体验性

黑色旅游以自然灾害、历史灾难、案发现场、恐怖事件等危害人类生存与发展的黑色事件为旅游吸引物[5]，游客在体验过程中必然会获得惊险、刺激、同情、怜悯、恐惧等在传统旅游活动中所体会不到的特殊情感。黑色旅游体验不同于其他形式的旅游体验。

(二) 黑色旅游中的注意事项以及意义

黑色旅游中的注意事项主要有两点。首先要注意当地灾民的心理。虽然人类的历史就是接受灾难磨练、并通过在灾难中吸取教训，获得进步的历史，灾难从来都是人类不可或缺的教材，但是这只是站在旅游者的角度而言的，对于当地居民来说，在灾难造成的心理打击还没完全消退之前，在当地开展黑色旅游，当大批游客举着相机面对一片废墟的时候，无异于在灾区人民的伤口上撒盐。因此，在开展黑色旅游之前，应当首先做好当地居民的心理分析，以求选好时机进行开发。其次，在旅游者进入黑色旅游景点进行旅游活动时，做好游客的教育工作对当地居民而言显得更为重要，本来旅游的娱乐性和地震灾区的感情基调就存在矛盾，"黑色旅游"的敏感性使其很容易触及历史的阴暗面和人们的伤心处，而这当地居民往往不愿提及，到访者的一些不当的行为，都有可能对当地居民造成感情伤害，因此，在这个过程中，旅游媒体应该发挥其作用，通过各种手段，对游客进行旅游伦理道德方面的教育。[6]尊重当地居民的意愿，保证广泛的社会参与性，是对历史的尊重，也更有利于黑色旅游的长远发展。

黑色旅游意义重大。黑色旅游地的建设初衷不应该是为了获得可观的经济利益，特别是在像地震遗迹这样的地方，其目的应主要是教育、纪念。游客通过参观地震遗迹，可以缅怀遇难者，也可以更加深刻地感受到生命的珍贵。因此，笔者认为，在开发初期，可以适当地收取门票，但也不宜过高，这时期的门票收入可以用来支持灾区的重建工作，在后期，应该实行免费参观的政策，将地震遗址公园作为真正的教育基地和科研考察基地。以政府为主导，避免过度的商业化的开发。对于幸存者而言，他们也有娱乐的权力，但是，灾难的记忆对于他们总是一个伤疤，展示他们自己的伤疤，仅仅是为了经济利益，会使灾区人民的感情受到伤害。在四川地震遗址开展黑色旅游，应以教育、纪念为目的，避免过度的商业化开发，以政府为主导，协调好各旅游伦理主体之间的关系，以保证黑色旅游有意义的、长远的发展。

总之，班级组织的旅游活动意义重大，能够加深学生的思想道德情操熏陶，是我们素质教育的重要组成部分。因此，我们各个学校应该认真对待，不光要注意学生的人身安全，更要妥善选择旅游地，选择那种教育意义大、安全设施好的旅游地，以将旅游的价值充分展现出来。

注释

[1] 张立新，余际从：《西部大开发——旅游业应作支柱产业培育》，《资源产业》2001年3期。

[2]《国务院关于印发汶川地震灾后恢复重建总体规划的通知》国发[2008]31号。

[3] 姚辉：《文化旅游：震后四川旅游业发展的方向》，《经济研究导刊》2008年15期。

[4] 甘露，刘燕，卢天玲：《汶川地震后入川游客的动机及对四川旅游受灾情况的感知研究》，《旅游学刊》2010年01期。

[5] 申健健，喻学才：《国外黑色旅游研究综述》，《旅游学刊》2009年04期。

[6] 李经龙，郑淑婧：《黑色旅游研究初探》，《池州师专学报》2006年第5期。

试论新时期校园文化构建困难及对策
——以独立学院为例

东华理工大学文学院　秦磊毅

摘要　加强校园文化建设是各类学校发展所必须面对的问题。本文重点阐述了独立学院加强校园文化建设的原因，分析了独立学院校园文化建设中存在的问题，提出"继承、创新、发展"校园文化建设的原则及措施，并强调注意处理好校园文化建设的三个关系。

关键词　独立学院　校园文化

上世纪末，随着我国高等教育的快速发展，办学机制和办学主体的改革力度加大，民营资本进入了高等教育领域。1999年，根据教育部26号令《独立学院设置与管理办法》设立了一批以"法人资格独立、财务独立、校区独立"的新型高等教育办学主体——独立学院。独立学院是由普通本科高校按新机制、新模式举办的本科层次的二级学院，带有公办民助的性质。不同于以往普通高校按照公办机制、模式建立的二级学院、分校或其他类似的二级办学机构。自1999年第一批独立学院设立至2010年7月，全国共有独立学院322所，在校生人数已超过200万，占全国普通本科在校生人数比例近五分之一，独立学院已成为我国高等教育体系的重要组成部分。

当前，我国高等教育正进入一个以内涵建设为主的时期，而独立学院经过十几年的建设和发展，在校区建设、硬件的投入、教学条件的改善、招生规模的扩大等各方面都取得了长足进步。由于采用民办机制以及享有学生收费标准上调等政策支持，独立学院在硬件投入、教学设施条件等方面与原有的母体学校相比，更具有后发优势。应清醒认识到，独立学院仅有这些"物"的层面的东西是远远不够的，应加强独立学院内涵质量的综合实力建设，应特别重视校园文化在独立学院培养人才质量、提升办学水平等方面的独到和内在的长效作用。

一、独立学院加强校园文化建设的原因

校园文化是教育者和受教育者在特定的时空里，通过开展一系列的活动所创造出的物质和精神文化形态的总和。大学的教育目的和人才培养目标的达成程度，在很大程度上取决于大学校园文化的建设程度。这对独立学院而言，也不例外。杜威认为："成年人有意识地控制未成年人所受的教育，唯一的方式是控制他们生活的环境，让他们在这个环境行动、思考和感受。"为强化学校文化的作用，苏霍姆林斯基在其名著《帕夫雷什中学》中也告诉人们："我们在努力做到，使学校的墙壁也说话。"大学对学生真正有价值的东西，是它在长期办学过程中积淀形成的文化空间和生活环境。

从独立学院产生之日起，"育人"就始终是其基本功能，营造良好的育人环境，则是独立学院工作的主线，所有工作都必须围绕这个主线展开。中外大学的成功经验告诉我们，学生绝非仅在课堂里或说教中成长，在课堂以外营造有利于学生成长的校园文化环境，对学生的发展同样重要。独立学院学生的素质和技能的提高是不能完全靠自发完成的，这也是教育恒久存在且必须存在的理由。但是，独立学院的办学者还必须意识到，教育能否产生预期的效果不仅取决于教育者的外力作用，更取决于受教育者自身的内力作用，即外来教育的效果取决于受教育者内化过程的质量。因此，独立学院加强校园文化建设的价值就在于把具有强制性特征的教育，转化为一种以独立学院教师及管理者对其学生前途的关心为特征，以教书育人、管理育人、服务育人为手段，并通过教师的模范行为对学生进行熏陶、引导和激励的过程。通过营造良好的校园文化，以文化或隐性课程的方式对学生进行教育，通过情感陶冶、思想感化、价值认同、行为养成的方式来实现教育目的，从而产生"蓬生麻中，不扶而直""入芝兰之室久而自芳"的教育效果。

二、独立学院校园文化建设存在的问题

近几年,各独立学院都认识到校园文化建设的重要性,把校园文化建设作为高校提升办学质量的重要内容,拓展校园文化的创新途径和手段。但是,校园大学文化的建设和发展由于受独立学院本身办学定位、理念和历史等因素影响,存在以下问题:

1. 从独立学院校园文化建设发展层次来看,独立学院校园文化发展整体处于向高层次推进的阶段;在实体文化建设方面,成效明显,在制度文化建设方面也取得了一定成绩,但整体高等教育大学精神的失落,使独立学院原本缺乏的精神层面的校园文化建设则更需重视和加强。

2. 从独立学院校园文化建设发展历史来看,独立学院作为我国高等教育的新生事物,其校园文化建设面临着文化底子薄弱、校园精神文化积淀不深、文化体系不完整、文化功能不健全的挑战。

3. 从独立学院校园文化建设操作角度来看,校园文化建设缺乏系统性、继承性思想指导;各学校校园文化活动开展得十分活跃,但也存在一个问题,即开展活动缺乏文化教育的系统性、继承性。

4. 从独立学院的办学定位来看,主要是培养实践性、应用性的高等专业人才,体现在学校办学上,过分强调应用性、功利性,大炒所谓热门专业,降低人文教育教学质量,普遍存在对校园精神文化建设重视不足的情况,削弱了独立学院校园精神文化的育人作用,破坏了高校本应具有的精神氛围。

5. 从独立学院校园文化的社会环境来看,有一些社会负面的干扰;社会主义市场经济建设,给高等教育带来了生机和活力,也带来了不小的负效应。社会上流行的拜金主义、享乐主义、急功近利等不良思想,对独立学院的教师、学生的人生价值观均有不同程度的腐蚀。

三、建设独立学院校园文化的对策

要逐步改变独立学院因办学时间不长而导致的人文教育的弱化与精神

文化的缺失的局面，应遵循"继承、创新、发展"的原则，拓宽思路，统筹兼顾，凸显亮点。主要有以下几点建议和对策：

1. 做好传承工作，构建独立学院校园文化基础，不断提升独立学院校园文化精神的凝聚力。独立学院是普通本科高校在新机制条件下的办学主体，但其办学的宗旨和出发点是与母体学校一致的，母体学校的办学影响和大学文化精神特点对独立学院的影响是巨大的。应高度重视母体学校的优良传统并加以很好地继承。大学传统文化和精神即是历史赋予大学校园文化建设的特色，任何文化的建设无不是从尊重历史缘由开始的，独立学院的校园文化建设应继承和借鉴母体学校历史发展的突出特色，充分发掘母体高校优秀校园文化精神内涵，着重从继承、共享的基础上，在更高层次上丰富和发展母体高校的校园文化。加以继承的独立学院校园文化，能为母体学校和独立学院的全体师生员工提供一个共有的价值导向和高尚的精神追求，融合理想信念，培育和激发师生员工的群体意识和集体意识，树立一致的价值观念、精神氛围，产生巨大的凝聚力。

2. 充分利用办学的新的运行机制，创新、发掘独立学院校园文化亮点，形成校园文化的创新力。独立学院有着传统大学没有的新的运行机制，这为树立自由包容的大学精神思想、营造自由民主的校园氛围创造了有利的条件。突出学校特色是校园文化建设的需要。应当坚持以社会主义核心价值体系引领、依托新机制塑造大学精神，在结合独立学院自身特点和优势的基础上，挖掘学校特色，提炼出符合本校的办学特色和办学理念的校训；形成人才培养的新理念，依据独立学院各自的办学层次、办学特点、专业设置，利用有利的空间和地理环境，坚持科学定位、特色立校，按照"营造四大风气氛围：高度的政治风气、高度的学术风气、高度的文明风气和高度的文娱体育风气"的校园文化建设思路，结合独立学院发展特色，实现独立学院校园文化创新发展方式从外在规模化向内涵提升的转变，发展路径从全面推进向重点突破转变。要在校园文化实践创新的过程中通过自身的努力，经过多元文化的激荡交融、历史的积淀和外部环境的影响从而形成独特的校园精神文化。

3. 发展独立学院深层次的校园精神文化建设，形成独立学院办学的生命力。大学精神是大学的灵魂，是大学文化的精髓和核心之所在。在继承母体学校大学文化精神和创新特色的基础上，既要以现有校园文化状态为基础，又要根据时代发展的需要规划校园文化发展的目标和前景，促进独立学院"学校精神"的不断发展和积淀。在发展独立学院深层次的校园精神文化建设过程中，要努力营造境界高尚、底蕴深厚、崇尚科学、追求真理的人文气氛，要根据独立学院教育目标的需要，充分调动师生员工参与校园文化建设的积极性，促进独立学院"学校精神"的形成，特别是重点抓住深层次的校园精神文化建设，即抓好大学文化"精气神"的构建，形成独立学院良好的教风、学风、校风，提高人才培养质量，增强学校的软实力，造就学校的核心竞争力，实现独立学院办学的理性长效发展。

除以上三点外，独立学院在校园文化建设中还要处理好以下几个方面的关系。第一，要处理好校园物质文化与精神文化的关系。校园物质文化与校园精神文化是一种相互促进、相互依存、水乳交融、客观联系的关系。物质文化建设是精神文化建设的根本，精神文化建设是物质文化建设的目的，物质文化必然体现出精神文化，精神文化必然深化和丰富物质文化。只有把握好这二者之间的关系，我们才能在校园文化建设中，更合理地分配人力物力财力，优化教书育人的环境，提高校园文化品位，为学校和谐发展奠定坚实的基础。第二，要处理好科学精神与人文精神的关系。中科院杨叔子院士指出，科学求真，立世之基；人文求善，为人之本。人文必须以科学为奠基；而科学的运用，又必须有利于人文关怀。要结合专业教育探索人文教育的方法，在专业课教学中促进人文精神和科学精神相融合。第三，要处理好主体与主导的关系。在大学校园文化建设中，学生为主体，学校管理者和全体教师员工为主导。在主导者的教育引导下，主体在学校教育、学习、生活、管理过程中的校园文化建设的活动方式和活动结果，影响制约着所有校园人的活动和发展。"学校管理者和全体教师员工为主导""学生为主体"是相互联系的。没有校方管理者的主导作用，校园文化建设中学生的主体地位很难真正得到体现。校方管理者的主导作用发挥得再好也毫无意义。两者相互支撑，互为因果，任何一方都不能偏废。

总之，在独立学院发展的过程中，应坚持以社会主义核心价值体系引领校园文化建设，确立学生校园文化主体地位，营造良好的育人环境，从物质文化、制度文化、精神文化三个层面着手，结合独立学院的特点，突出校园文化精神层面的建设，注重培养学生崇尚信仰、尊重科学、自主创新以及审美情趣等精神品质，解放思想，拓宽思路，探索一条适应新时期独立学院校园文化建设的新道路。

[本文为江西省教育规划"十一五"规划课题:《加强和丰富独立学院校园精神文化建设研究——以江西省高校的独立学院为研究对象》(编号:09—YB306)阶段性研究成果]

参考文献

[1] 张淑锦:《大学精神视角下的校园文化建设》,《浙江大学学报》(人文社会科学版),2008年第6期。

[2] 许嘉璐:《高校校园文化建设漫议》,《求是》,2004年第18期。

[3] 郭广银,杨明:《新时期高校校园文化建设的理论与实践》,南京大学出版社。

[4] 黄艳娥:《新时期高校校园文化建设新探》,《当代教育论坛》,2006年第8期。

[5] 闵春发:《高校应特别重视校园精神文化建设》,《中国教育报》,2009年2月23日。

[6] 汤桂香:《高校校园文化建设研究》,《邵阳学院学报》(社会科学版),2006年第3期。

[7] 康胜:《当前高校校园文化建设存在的问题及对策》,《西南民族大学学报》(人文社科版),2004年第7期。

[8] 李树芳,张宏岗:《大学校园文化建设存在的问题及对策》,《陕西教育学院学报》,2006年第1期。

教学方法研究

论"主动·有效"课堂对学生非智力因素的培养

上海市崇明县堡镇中学 陈 园

摘要 传统的课堂教学过于忽视了学生非智力因素的培养，导致课堂教学低效、无效甚至负效，而"主动·有效"课堂教学理念尤其重视最大限度地开发与激活学生的非智力因素，有助于充分培养学生的学习兴趣、学习情感、学习习惯等。

关键词 "主动·有效" 非智力因素

"主动·有效"的课堂教学理念，归结起来，一方面重视学生的学习状态是积极的、愉悦的、自主的；另一方面强调学生的学习过程是有效果、有效率、有效益的。这种新型的课堂教学理念的提出是对传统课堂高耗低效现状的反思与改进的必然要求，是面对国家转型与时代发展的必然举措，也是从根本上改变我国教育现状和"以人为本"提升国民素质的根本渠道。传统的课堂教学是以教师为中心的，过分强调教师的权威性，完全忽视了学生的主动性和差异性，直接导致了课堂教学的低效、无效甚至负效，而这严重抑制了学生的身心发展、扭曲了教育的本意。"主动·有效"课堂的提出就是在这种痛定思痛的反思中为从根本上改变这种现状而迈出的关键性一步。

学生的学习是一个漫长的复杂过程，既非一蹴而就，亦非孤立吸收。要提高学生学习的成绩，不仅需要学生的注意力、观察力、记忆力、思维力和想象力等智力因素的积极参与，也需要作为意向性系统与动力系统的兴趣、情感、意志、习惯等非智力因素的积极配合。现代心理学研究证明，一个人成才与否，智力因素约占百分之二十五，而非智力因素约占百分之七十五，这些智力以外的个性心理对学习活动起着唤醒、导向、维持和强化等作用。传统的课堂教学过于忽视了学生的这些非智力因素的培养，是导致课堂教学低效、无效甚至负效的历史性教训，而"主动·有效"课堂教学理念尤其重视最大限度地开发与激活学生的这些非智力因素，为学生的全面发展与学习成绩的整体提高奠定了基础。

一、"主动·有效"课堂与学生的学习兴趣

"主动·有效"课堂下，教师注重于激发学生的学习动机，培养学生的学习兴趣，使学生在一种安全、轻松、和谐、自由的课堂氛围中更加主动地学习。"主动·有效"的课堂教学理念将学生视作主动的有血有肉有情感的发展中的人，是需要被尊重与关注的具有不同个性与个别差异的人，是有思想有独立人格的人，这种建立在人格平等与民主基础之上的师生关系使学生重新发现了"自己"，找寻到了遗失已久的自由空间。这样一种独立、欣赏、合作、灵动的课堂文化将教师与学生的心灵同时释放，课堂成为师生共同享受的精神乐园。"知之者不如好之者，好之者不如乐之者"，学生的学习兴趣是开发其智力的钥匙，一旦学生建立起自主学习的责任心并体会到学习中的乐趣就能情不自禁不知不觉地投入到课堂学习中去，产生强烈的持久的求知欲和内驱力，这种事半功倍的效果是其他任何外在的力量所无可比拟的。

二、"主动·有效"课堂与学生的学习情感

"主动·有效"课堂下，教师传授给学生的不仅仅是知识和技能，还有情感态度和世界观的建构，重结果更重过程。情感教学是"主动·有效"课堂教学过程中不可缺少的重要支柱，教师怀着对每一个学生高度关爱的心走进课堂，并把自己的热情与激情感染给每一个学生，它体现在教

师的一言一行、一颦一笑、一动一静之中。教师以真挚的热情进行教学，做到言为心声，声情并茂，以情感人，以情育人，调动学生学习的感官系统，增添课堂的活力。在师生真诚的情感交流过程中，教师无疑多了一把打开学生心灵的钥匙，为融洽的师生关系的建立提供了基础。学生基于对老师的喜爱而乐于倾听，基于对书本的真实感悟而学习，不仅极大地促进了学习的效果与效率，还在道德情感和理智情感深受陶冶的过程中提高了自身的素养，促进了健康人格的协同发展与进一步完善。

三、"主动·有效"课堂与学生的学习意志、学习习惯

"主动·有效"课堂下，教师注重培养学生自主探究的意志和良好的学习习惯。在新型的"自主、合作、探究"式学习方式的引领下，学生能够怀着高度的责任感自我监督自我管理，积极主动地发现问题，通过调查、收集与处理信息寻找解决问题的方案。这种不依赖教师的自主学习使学生在不断克服困难的过程中建立起坚强的意志品格。教师在教学过程中有意识地培养学生勤于读书、乐于读书、善于观察、积极思考、善于利用身边资源等良好的学习习惯。这种坚韧的意志品格和良好的学习习惯的建立为学生的长远发展、终身发展奠定了基础，不仅能够促进学生当下的学习，更能够铺平学生的未来学习之路。

总之，"主动·有效"课堂着眼于每一个学生的终身发展，要求通过培养学生的学习兴趣、学习情感、学习意志和学习习惯，促进学生非智力因素的良性循环发展，为真正做到学有所教、学有优教，推进教育公平与创新型人才培养目标的实现作积极开拓。作为新形势下的一名青年教师，我将努力践行"主动·有效"课堂理念，严格要求自己，在理论与实践相结合的不断学习过程中以生成自己的教育智慧。

授之以鱼，不如授之以渔
——《再别康桥》教学案例

上海市崇明县堡镇中学　陈园

在语文教学中，经常困扰我的一个问题是：学生的学习迁移能力较弱，不懂得融会贯通，而且在课堂上的积极性与互动性不强。如何能够突破这种教学的困境，将"主动有效"的课堂理念真正付诸实施，是我长久以来期待获取的答案。

直到在高一上册第四单元的现代诗歌单元，《再别康桥》这首现代诗歌的教学给了我一些启发，让我教有所悟。经过认真的备课，我将其教学重点设定为对诗歌"三美"的体味。

在初读诗歌，整体感知了诗人情感之后，我开始按照既定的教学环节，引导学生重点体会诗歌"三美"。从绘画美开始，先让学生了解什么是绘画美，同时画面的营造离不开"意象"的构筑，我叫学生找出每一节诗中的关键性意象，说一说这些意象为我们构筑了七幅怎样的画面。

我预设的答案是：云彩——作别云彩图；金柳——金柳倒影图；青荇——青草招摇图；清泉——清泉浮藻图；长篙——漫溯寻梦图；夏虫——夏虫沉默图；云彩——惜别云彩图。

但是大多数学生回应我的依然是沉默，就如同平日里那样缺少积极性与互动性。好不容易叫了几个语文成绩尚可的学生打破了沉默，在我的一再引导与提示下，终于回答出了"云彩图""河畔金柳图""青荇水草图"等，答案跟我预设的并不完全一样，但是已属难能可贵。

也就在这个时候，我豁然明白了，用什么词来描述画面并不是目的，答案更不是固定与唯一的，为什么一定要把学生的想法与思维引导进教师原先所预设的框里呢？既然画面是由意象所构筑的，深入理解意象所承载的情感内涵不是比简单地用几个词来描述概括画面更有意义吗？我决定放手一试。

前面在讲旧体诗的时候已经涉及到关于"意象"的概念，但未曾深入展开。为了让学生掌握通过把握意象来鉴赏现代诗歌的一般方法，我将班上同学分成几个大组，一起来交流讨论《再别康桥》这首诗中直接描写康桥迷人景色的二、三、四这三节诗中的意象。在讨论交流的时候，给学生布置这样几个任务：

1. 找出每一节诗中诗人借以抒发情感的意象，并体会这些意象的丰富内涵，诗人为什么要选择这样的意象来表达情感，表达了什么样的情感？

2. 找出这一节诗中你认为用得好的词语，并说出好在哪里。

经过三到五分钟时间的讨论，我们一起来交流讨论的成效。

从诗歌的第二小节开始，我们的思路是：找出意象——意象的内涵以及所承载的诗人情感——认为好的词语——好在哪里。万事开头难，学生们虽找出了"金柳"这个意象，但仍是说不出这个意象的内涵以及所承载的诗人的情感。我通过引用一些关于"柳"的古诗，诸如"园亭若有送，杨柳最依依""杨柳岸，晓风残月"以及关于"柳"的谐音"留"，来引导学生理解柳的意象所代表的惜别与留恋之意。

但是我们的课文里用的是"金柳"，为什么是金柳，而不是青柳或杨柳呢？

很快有学生想到了，并说出了答案：因为时间是在傍晚时分，是在夕阳西下的时候，落日的余晖使得柳树也染上了一层金黄色，所以是"金柳"。

叫学生找出这一节诗歌中认为用得好的词语时，有学生认为"新娘"用得好，也有学生认为"艳影""荡漾"用得好，但具体好在哪里，学生说不出所以然，认为更多的是只可意会不可言传。我进一步引导学生细细体会"新娘"这个词的妙处：把柳树比喻成新娘，用了比喻的修辞，柳树随风摆动的婀娜身姿跟新娘的柔媚不正有几分相似吗？"新娘"是美和爱的化身，对于新娘的爱绝对是一种温柔的爱、缠绵的爱、浓烈的爱。但是这新娘却是"夕阳中"的新娘，代表着一种离别的悲情，夕阳无限好，只是近黄昏。同样，"艳影"，代表一种惊艳的美，浓烈的爱，这种美已经深深地印在了诗人的心头。"荡漾"，代表了诗人内心里的一种波动与迷醉的情绪。

学生在这种细细的品味中开始沉浸于文本，开始切身地体会到诗歌意象所营造的美感。

我趁机叫学生带着这种深情与美感来朗读这一节诗，学生已经基本上能读出这种情感。

接下来，在品读分析诗歌第三小节时，学生们开始找到了一些感觉，明显地比先前要更加主动、投入。

学生们很快就找到了第三节的主要意象"青荇"，并且在我的引导下能够说出青荇作为一种绿色水草而具有的柔软、细滑、萦绕缠绵的意味，那么诗人在这里用了青荇这个意象来表达的正是对于康桥的这种萦绕在心头的挥之不去的缠绵的爱。

有学生认为这一节诗中，"油油的"用得好，因为是叠词，一方面增强了诗句的节奏感和听觉上的美感，另一方面也把青荇柔美、亲切、诱人的形态给巧妙地表现出来了。也有学生认为"招摇"这个词用得好，运用了拟人手法，写出了草木的灵性。还有同学认为"甘心"用得好，表明了诗人心甘情愿成为康桥里的一条水草，诗人愿意与康桥融为一体不分彼此。对于学生的答案，我都给予了充分的肯定与赞赏，学生的学习积极性更高了，我注意到连平常最不爱听课的学生此刻也认真投入了。

在品读分析诗歌第四小节时，学生异口同声地找出了"清泉"与"浮藻"的意象。"清泉"就是清澈的泉水，因为之前学《蒹葭》的时候已经强调过"水"的意象，几个思维较快的学生再一次主动发言了，联系到"所谓佳人，在水一方"，水代表的是无尽与阻隔，因为诗人马上要离开康桥了。马上有同学补充，"柔情似水"，那么泉水这个意象也代表着柔美、可人。我将学生们的意见综合起来，诗人在这里通过拜伦潭里的水表达的正是这样一种复杂的情感：虽然柔美、可人，却毕竟可望不可及，因为一切美好的时光都已经失落了无处寻觅了，摆在眼前的却只有离别而已。关于"浮藻"的意象，学生通过你一言我一语归纳得很全面，浮藻是一种漂浮在水面上的水藻植物，既然是漂浮在水面上的，就代表着一种漂泊、无根，以及难以割舍的对于康桥的缠绵之爱。

最后大家一致认为"彩虹似的梦"修饰得特别好。我进一步引导学生思考：为什么要用彩虹来修饰梦，为什么不说是"美丽"的梦？

学生们七嘴八舌各抒己见。有学生说，"美丽"这个字眼太平常了，"彩虹似的梦"比较含蓄有美感。有学生说，运用了比喻的修辞，增强了诗句的美感，语言美。在我的稍加引导下，学生的思维更加深入，有学生说，彩虹是可见的，增强了画面与色彩的美感，符合绘画美的要求。还有学生说，彩虹一方面是美的、五彩斑斓的，另一方面也是短暂的、稍纵即逝的，更符合诗人此刻要离别的心境……

不知不觉中，已到下课时间，学生们似乎都意犹未尽。那一刻，我也找到了自己想要的答案，虽然课堂上偏离了原先所预设的轨迹，也没有按照最初的教学目标完成对诗歌"三美"的体味，而是把重点放在了引导学生掌握通过意象分析鉴赏诗歌的一般方法。但是这无疑是一次成功的尝试，毕竟，在课堂上"过程"比"知识"更重要，"方法"比"结果"更重要。

作为一个语文教师，如果能够在课堂上带给学生以精神上的愉悦与美感，如果能够唤起学生的学习兴趣并且让学生学会学习，那么，还有什么比这更重要的呢？

点评：

今天的教，是为了明天的不教。教人学会，不如教人会学。语文课堂绝不应该只是抽象的语文知识的灌输，更不是枯燥的程序的演练。语文课堂应该是思绪飞扬的，应该是想象无边的，应该是灵动性与启发性并存的，应该是能够带给学生审美愉悦的，应该是能够让学生基于自身的情感体验沉浸于文本的，诗歌教学尤其如此。掌握了通过分析"意象"来体会诗人情感的一般方法，就如同获得了一把开启诗歌阅读的钥匙。留给后代一座金山不如留给他们一把开挖金矿的镐，授之以鱼不如授之以渔，只有这样，学生才能举一反三、触类旁通，才能真正提高语文素养与鉴赏能力，才能最终彰显出教师的主导性与学生的主体性。

让学生在"过程"中享受美感，陶冶情感，激发学生的学习兴趣，让学生学会学习，这正是语文课堂的精髓所在，也是我在以后的教学中要孜孜以求、不断追寻的。

课堂教学研究

试探语文阅读教学中多重对话的重要性

牛角坝中学 冯丽艳

摘要 人的社会存在的本质决定了人际间进行交流、沟通的必要,对话正适应了这一要求。对话理论有着深厚的哲学基础。对话教学是对话理论在教育领域的应用,体现了民主平等、互动合作、创造生成和以人为本的教学理念和教学精神。语文阅读教学中的多重对话有师生与文本的对话、学生与教师的对话、学生与学生的对话、学生与自我的对话四种形态,这四种对话形态都是以问题运作为轴心,以文本阅读为前提,以师生、生生对话为主体,以知识建构为目的,是优化语文课堂阅读教学的重要途径。

关键词 语文阅读教学 多元界对话 探究性对话 合作性对话 反思性对话

人类正步入对话时代,对话正逐渐成为人们的生存状态。对话教学是对话精神在教育领域的回应。语文大师吕淑湘指出:文学作品中的语言很美,特别是诗歌、散文,不仅词语美,篇章也美,好像一座很好的建筑物,造型很美。只要教师善于引导,学生是能够领会的。这就是说语文教学的过程应当是学生的生命体验和成长过程,是他们与古今中外的哲学家、历史学家、文学家进行心灵交流、精神对话的过程。众所周知,阅读是语文课程中极其重要的学习内容,《全日制义务教育语文课程标准(实验稿)》明确指出,"语文教学应在师生平等对话的过程中进行","阅读教学是学生、教师、文本之间对话的过程"。

《普通高中语文课程标准》指出："阅读教学是学生、教师、教科书编者、文本之间的多重对话，是思想碰撞和心灵交流的动态过程。"由此可见，课程标准关于阅读的目标，在理念上有较大的变化。

一、多元界对话——学生与文本的对话

语文阅读教学的实质是讲究学生与文本之间的对话与交流。只有学生从文本中直接把握或间接获取、理解信息，进而凭借文本信息唤起记忆、储存的语文素养并进一步探究文本的时候，语文教学才会展现出它的本来魅力。

（一）学生与文本对话的内涵

广义的对话，不局限于人与人之间的会谈，而是发生在人与人的精神产品，即人与各式各种文本之间。在此意义上，今人可以与古人对话，东方人可以与西方人进行对话，一个人可以与客观存在但他极可能永远不会熟识的人进行对话。这种"对话"尤其是在信息网络文化支持下的现代社会，将会变得越来越普遍。网络技术的进步，也使得对话从人与人之间的对话转移到人与机之间的对话。

生本对话往往用在学生对课文的重点或难点的深刻理解上。学生与文本对话的过程，既是指学生熟读课文后产生感悟，提炼观点，到文中寻找依据的过程，也可以说是学生对文本进行个性化解读的过程。既然每个学生的生活经验和个性气质都不一样，就应该鼓励学生对阅读内容作出有个性的反应，如对文本中自己特别喜爱的部分作出反应，确认自己认为特别重要的问题，作出富有想像力的反应甚至是"突发奇想"，将自己的阅读感受与作者的意图进行比较，为文本的内容和表达另作设计等等。

将学生阅读文本视为对话，强调的是学生在阅读过程中的参与意识，是要求学生在积极主动的参与中，使学生个体感受与文本意义交融，从而与文本共同生成各种带有学生个性色彩的文本意义。所谓"一千个读者就有一千个哈姆莱特"，就是对这种解读的最简明的概括。《语文课程标准》也充分顾及了学生阅读态度的主动性、阅读需求的多样性、阅读心理的独特性，特别重视学生在阅读过程中的主体地位，尊重学生阅读的自主性和独立性。

（二）实现学生与文本对话的策略

阅读活动实际上是通过心灵体悟文本，从而达到对作者和自己的双重

发现。文本是完整的语言活体,是有着作者精神、跳动着作者思想脉搏的活体,具有召唤性、吸引性,它的语言对应着读者的语感,它所展示的意境对应着读者的心灵,学生与文本进行对话应该认真虚心地研读和聆听文本。因此,允许学生多元地解读文本、让学生进行生本对话就成为实现学生与文本之间进行对话的重要一环。

让学生多元解读文本要求教师善于洞察学生已有的阅读"期待视野"及艺术经验,由此有针对性地激发学生再创造作品的兴趣,并使学生与作品之间的对话能得以深入,最终学生将在这种富有成效的阅读活动中提高自身的阅读"期待视野",丰富自己的阅读经验。生本对话主要是指学生与课文的对话。学生阅读语文教材中的课文,其实是学生与文本的一种对话过程。一部文学作品并不是一个自身独立、向每一个时代的每一个读者均提供同样的观点的客体。读者只有连续不断地参与阅读,给作品注入新意,作品的艺术生命才能得以长久延续。读者阅读文本既然是一个双向交流的过程,即一个对话的过程,那么学生阅读一篇篇课文的过程,也应该是一次次对话的过程。

在文学作品阅读教学中,不要去刻意追求标准答案。萨特说:"阅读是一种被引导的创造。"学生在阅读中,并不是消极地接受、索取意义,而是积极主动地发现、建构意义,甚至创造意义。

二、探究性对话——学生与教师的对话

在生本对话的过程中,学生与文本之间存在一定的差距,这种差距的消除有时需要一定的条件,而创造那"一定的条件",就是语文教师在阅读教学中的主要任务。也就是说,语文阅读教学在进行生本对话的同时,还要有效地实行学生与教师之间的对话。

(一)学生与教师对话的内涵

语文课堂上的师生对话,如果是在学生与文本对话的同时展开,那就是我们一向所说的语文阅读教学。

那么,什么才是真正的师生对话呢?笔者认为,在课堂上,教师应当成为学生的朋友,在他们需要帮助的时候伸出热情的双手,不再那样高高在上,不容侵犯,实现与学生真正的沟通、互动,双方相互"敞开"和

"接纳""承认"和"包容"。教师应努力把课堂时间、学习的主动权交给学生。在课堂上，教师要有意识地缩减讲授的时间，留出更多的时间让学生在小组内合作、讨论、交流，从而让学生自己通过探索，寻求到解决问题的答案。此外，每位教师还应特别注意尊重学生的意愿，按照学生的意愿去安排教学。这样他们会感到自己的意愿得到了老师的尊重，便能调动起学生学习的积极性，学生学习起来也才有劲头，在师生共同的生命活动中实现"双赢"。

师生对话往往用在教师检查学生对课文的感悟程度上。在师生对话中，教师的主导作用，除了体现在对话题的调控和对交流的引导以及交流过程中对学生的鼓励和评论外，还体现在根据学生的理解状况，适时地提出能促进学生进一步思考的话题，给学生搭建适当的"对话平台"，使学生的认识得到深化，情感得到升华。

（二）实现学生与教师对话的策略

教师应该以自己的学识与见闻，向学生介绍文本产生的条件、背景及诸多其他的因素，并将自己与文本对话中所获得的种种体验和感悟与学生进行交流，使学生从中获得有益的启示。因此，在阅读教学中，学生不仅与文本对话，同时也与教师对话，教师不仅与学生对话，同时也与文本对话，教师、学生、文本，都是对话的积极参与者，师生正是在这样的对话中，逐步获得文本意义的深层理解，即达到与文本视界的相互融合。

在阅读教学中的对话，大多表现为师生间的提问与回答，交流与探讨。有些人也许会认为，既然是对话状态，那教学的组织形式就应该是非问答式或讨论式莫属了。其实不然，师生围绕文本开展的对话，并不等同于课堂上师生间的问答式与讨论式教学。问答式与讨论式都是在课堂上被广泛运用的教学方式，而用在语文阅读教学过程中，当然也可以成为一种阅读对话教学的状态。但是，在阅读教学中，语文教师如果仅仅用问答或讨论这种形式而没能在其中贯彻对话的原则，那么这种教学就徒具对话的形式，而没有进入真正的对话状态。至于教师"独白式"的教学方式，被目前不少人认为是满堂灌而遭否定。但在笔者看来，阅读教学的整个过程中，对教学形式有多样化的要求，有时候也许需要的恰恰就是教师的"独白"。因此，教师在课堂上的"独白"不一定就是满堂灌。如果教师的"独白"是不管学生的反应而一味地讲自己的，这是真正的满堂灌，当然不好，应该否定。但如果教师的"独白"是教学过程中实际情况所需要的，而学生又有足够的兴趣处于"倾听"状态中，使师生处于另一种形式对话状态中，那么这样的"独白"又怎么可以轻易否定呢？由此而论，是否进入对话状态的语文教学，并不以语文教师是否采用了讨论式或问答式的教学方式为衡量标准，而是以是否体现对话的原则为衡量标准的。

三、合作性对话——学生与学生的对话

阅读教学的初读与精读阶段都可以进行生本阅读。在初读阶段，学生与文本的接触是整体的，它要解决的主要问题是对文章获得整体感知，对文章的重点词、句、段有印象，能抓住文章的基本轮廓，理清重要的人、事、物及其观点。而在精读阶段，则要走进语言的深处，熟读课文后提炼出观点，对句中之意、言外之旨进行"咀嚼"。

（一）学生与学生对话的内涵

语文阅读教学中所谓学生与学生之间的对话，就是指在教学中，教师要重视学生与学生之间的交互作用，进行在教师引导下的各种教学活动。很多教师在教学中采用小组合作交流的学习方式，每小组按照自己的学习方式进行有序的学习合作，在学生交流中互相评议，达到互相学习、互相补充的目的。即教师通过自己独立的思考，凭借教材中的言语，激发学生超越于知识之上的智慧、灵感、激情和创造性的生命活力，根据教材的言语特色、学生身心发展特点及自身的教学特点和风格，对教材进行重新整合、裁剪，真正把教材当作例子，把学生的问题、困惑、见解、兴趣、经验、感受等作为教学新的生长点，让课堂教学充满生命的活力。

（二）实现学生与学生对话的策略

生生对话用在学生自主学习之后，采用合作学习方式，依据话题的性质、学习的习惯和学习的程度等组成学习小组，通过小组学习和小组交流两种方式来进行。课程标准提出：合作学习有利于在主动中提高学习效率，有利于培养合作意识和团队精神。应鼓励学生在个人钻研的基础上，积极参与讨论及其他学习活动，善于倾听、吸纳他人的意见，学会宽容和沟通，学会协作和分享。

康美中学苏立阳教师在执教《回忆我的母亲》时，在引导学生熟读课文的基础上，让学生试用一句话概括文章的主要内容：文章写了_____。

问题抛出来之后，学生立即以小组为单位进行热烈的讨论，有的小组回答：好劳动。有的小组答道：勤劳一生的优秀品质。还有的答道：母亲的一生……在学生答题过程中，教师适时引导和点拨，最后达成共识：文章写了母亲勤劳的一生。教师紧接着抛出第二个问题：除此之外，作者还写了母亲的哪些品质？在文中找出相关的段落。此时，教室里讨论的氛围更加热烈。你一句我一句，营造出一个富有活力和创意的对话空间，学生在轻松活跃、和谐的环境气氛中掌握本文的思想内容。当然，在生生对话的过程中，教师应适当引导和点拨，因为学生的认识难免片面或偏颇。

四、反思性对话——学生与自我的对话

在语文阅读教学中，我们应该明确，学生与自我的对话既是学生自我教育的过程和语文教学人性化的体现，也是培养学生阅读个性的基础和前提，有着显而易见的重要意义。

（一）学生与自我对话的内涵

俄国思想家恰达耶夫在《哲学书简》中说："当一个人找不到自己与过去、与未来的联系时，他便会丧失自我。"要理解现在的我，就要理解过去的我。自我对话在通常意义上是指现在的我与过去的我的对话；也就是自我对过去所沉积的经验、历史、思想等的反思性理解。这种对话使自我清醒地意识到现在的存在状态。现在的我是有别于过去然而又不完全脱离过去的我。自我对话更多的时候是自我与未来的对话。我们对未来的憧憬、我们的希望、理想等其实都是现实的自我与未来不断对话的结果，并且也一直在不断进行着对话。自我就是在这种与未来的不断对话中成长、发展、成熟、完善的。自我的对话不仅包括自我对过去之我的反思性理解，在与他人对话中进行的反思性理解，还包括在这两种反思的相互作用中反思理解自我。多尔说："如布鲁纳所言：'教育过程很大程度上包括通过反思自己的思想从而以某种方式与自己所知道的区分开来的能力。'这也是一个人通过与环境、与他人、与文化的反思性相互作用形成自我感的方式。"正是在这样一个复杂的自我对话中，产生了一个"新我"，"我"不同于过去的我，也不同于他人，我成为我自己。不仅知道我成为我自己，而且知道我为什么成为我自己。

语文阅读教学中的自我对话往往是在学生深刻理解课文之后进行，学生在阅读文章的过程中，阅读的心得和感悟与自己原有的生活积累、思想实际或情感体验发生碰撞，从而对文章产生顺应、同化，或者产生矛盾和疑问，这个过程就是学生自我对话的过程，也就是学生自我思考、反思，与文章产生共鸣的过程。从这层意思上说，我们的语文课本首先不是教本，而是读本。

对语文教学来说，教师、同学成为他人的一个参照，而课文中的人、事、情也成为一个他者。这种他者既是历史的又是指向现实和未来的。祥林嫂、闰土、夏瑜的命运反映出那个时代的面貌，从而可以与我们今天自己的处境作一个比较。在这种比较中确认自己的存在。玛蒂尔德、于勒、葛郎台等人则让我们领略国外人物的生活背景、性格特征等。这些他者共同构筑了我们自己的精神生活、成为我们生命的一部分。在语文学习过程中，我之为我，得到了进一步提升。他人是自己的镜子。只看到镜子里的自己是不行的，还必须反观现实中的自己。语文教学中丰富的人物形象、复杂的故事情节、丰富的情感等不仅仅是学生的对话者，同时是促发自我对话的诱因，并成为自我对话的材料。

（二）实现学生与自我对话的策略

在阅读教学中，教师要引导学生进行自我对话，达到书与我化、我与书化、书为我用的境界。一篇文章的形式是作者受到某种生活图景的感染，情积于胸，用一定的表达方式，发之于文字。我们读这些文章，能否与其中的文字产生共鸣呢？这就需要教师引导学生感悟文本，想方设法去激活学生头脑中似曾相识的生活积累。新课标要求"在阅读中，要有自己的心得与情感体验，获得对自然、社会、人生的有益的启示"。只有在头脑中贮备的生活图景被激活，学生才能以积极的态度去接受新的文本信息，产生丰富的联想。因此，在阅读教学中教师应引导学生去感受生活，体味真情实感，要尽可能缩短学生生活实际与作品所反映的生活之间的距离，要将文本中的信息和学生心中的生活融合起来，要使学生通过阅读并借助各种媒介去模拟生活，感悟那离我们已远的生活情景，理解作者的思想、观点，体会生活中的喜怒哀乐、酸甜苦辣。最终实现自我对话的目的，切实提高学生在阅读过程中的主体地位。

自我对话同时也是完全开放的，它也应该是在与文本、与他人对话的基础上进行自我反思性理解。因为，自我的意义是在与他人的关系之中产生的。一个完全脱离与他人关系的自我是不存在的，毫无意义的。"我们只有从他人的角度出发才能考查自己，从想象的角度出发才能考查现实。自我和现实存在于关系之中。"自我对话所需要的对自我的清晰的意识是在与他人的对话之中产生并确立的。这一层面上的自我对话的前提是与文本、与他人对话；然后才是自己与自己的对话。"文本解释使我们重新看到了这个世界，开始了自我回归、自我认同、自我理解的过程。"在与他人的对话中才会发现自我与他人的不同之处，自我的反思就是对自己之所以不同于他人的原因的探究，合理性的追问。史密斯认为："自我理解的真正提高是四重行为的不断递进：向他人开放；与他人交流；某种包含自我更新意味的自我反省；重新与他人交流。正是在自我与非我的辩证关系中进行的四重行为，肯定了解构工程的深刻的道德意义，为人与人之间真切的交往提供了基础。"通过这种对话关系，在人与人交流、交往的过程中，在自我反思的基础上，确立不同于他人又与他人紧密联系的关系网中的自己。

总而言之，透过富有思想和韵味的语言，就可以窥见美丽的心灵，感受人生的博大，触摸人世的悲欢，克服个人生命的局限，由此领悟到人生的美好和真谛，筑起一道生命的底线，一座精神的长城。而现代的阅读观认为，一般意义上的阅读，是搜集处理信息、认识世界、发展思维、获得审美体验的重要途径，语文课程的阅读同样也应这样理解。无疑，对话将成为阅读教学的一种新形态，作为阅读教学的新形态的"对话"，昭示着民主和平等，凸现着创造和生成，张扬着个性和人性。

参考文献

[1] 中华人民共和国教育部：《全日制义务教育语文课程标准》（实验稿），北京师范大学出版社，2001年版。

[2] 中华人民共和国教育部：《普通高中语文课程标准》（实验稿），北京师范大学出版社，2001年版。

[3] 克林伯格：《社会主义学校（学派）的教学指导性与主动性》，德国科学出版社，1962年版。

[4] 巴赫金：《陀思妥耶夫斯基诗学问题》，生活·读书·新知三联出版社，1992年版。

[5] 姜勇，郑三元：《理解与对话——从哲学解释学出发看教师与课程的关系》，《全球教育展望》，2001年第7期。

中小学语文教育中的汉字教学研究

湖南省永州职业技术学院附属小学　马　彦

汉语属于汉藏语系的一种语言，汉字也有着自己独有的书写系统。由于汉字是记录汉语的书写符号，因此也成为区别于印欧语系语言的重要特点之一。在语文教学中汉字教学是不可或缺的一部分。佟乐泉曾指出："学习的主体虽有儿童成人之分，母语为汉语和外语之分，但只要是人，其学习汉字时的感知、记忆、联想、思维过程都存在着共同的规律，相似处大于差异处。"[1]在教学过程中，加强对教育学的普遍原则、对汉字的认知规律以及教学方法、学习策略等多方面的研究对于提升我们的语文教学具有重大的帮助。

一、识字量要求

母语汉字教学中，要求在幼儿阶段的识字量可以追溯到几千年前的识字工具，如《三字经》、《百家姓》等便教会小孩识得近千字，尽管目前没有明确的规定来说明幼儿阶段的识字量，但是现代的家庭教育也十分注重汉字教育，家长通常会让孩子根据图片来学习汉字，这种方式也是非常有利于儿童更好的认识汉字、记忆汉字的。在《新课标》中总的来说有这两种要求，分别是"认识"和"学会"，这两种要求是对小学识字量的要求，即"认写分流"，对不同年级不同年龄阶段的学生提出的要求也不尽相同，从低年级到高年级所需要认识的常用汉字数以及会书写的汉字数量也不相同，《新课标》中指出："认识常用汉字 1600 至 1800 个，会写其中 800 至

1000个这是对一二年级学生的要求；认识常用汉字2500个，其中会写2000个左右是对三四年级学生的要求；认识常用汉字3000个，其中会写2500个左右这是对五六年级学生的要求。"在全日制义务教育《语文课程标准》中主要着重于中学生阶段，对此有着这样的要求，初中时期，7至9年级的学生要能够独立，并且熟练准确地使用字典还要能够掌握多种检字的方法。基本可以达到认识3500个左右常用汉字，而且能够书写的要达到3000个左右。中华人民共和国教育部规定九年义务全日制初级中学语文教学大纲（试用修订版）[2]高中时期对于学生的识字量并没有具体明确的规定。全日制普通高中中学语文教学大纲（试用修订版）[3]对于课外兴趣自读文学名著至少要10部以上，科普有关的书刊和其他相关的兴趣读物也并不能少于300万字左右。由此得出结论，主要能够掌握大量生字的时期是在中学阶段。对于识字的任务有了很明显的加大。

语言是用来交际的工具，对学习者的识字要求也是为交际服务的。在我国中小学语文教学中，学生的识字量从一二年级的1800个，到三四年级的2500个，到五六年级的3000个，对初中生则要求认识3500个左右的常用字，是一个循序渐进的过程，学生通过课堂学习与课外拓展的有机结合，一般学生在中学毕业后，读写都不成问题，能进行正常的交际活动。可以看出，无论是母语汉字教学还是对外汉字教学，识字量总是与交际中常用的汉字有着较大的重合性，这是由交际这一最终目的决定的。

二、教学方法

父母是幼儿的第一个老师，这个阶段幼儿和父母的接触是最为密切的，在这一阶段，语文汉字教学主要寓于日常生活之中。而到了学前班时，教师则较多通过一系列的活动来激发幼儿对汉字的学习兴趣。有学者对幼儿汉字教育进行研究，总结了几种常见的方法，主要有以下这些：编口诀（如"回"：大口含小口）、念歌诀（如"天"、"夫"：天字出头便为"夫"）、讲故事（如"雷"：打雷的时候，田里有雨）、猜字谜（如"茶"：一个人生在草木中）等[4]。这些方法，游戏味很浓，并且有机地结合了儿童的低认知水平，倾向于形象的图形与生动的记事，妙趣横生，能引起儿童的兴趣。这一阶段教学方法的主要特点是设法激起儿童的兴趣并及时抓住儿童注意力集中的瞬间。相比幼儿阶段而言，小学阶段的识字方法不仅贯穿游戏法，还广泛地应用多种识记方法。也有学者总结了以下几种方法：

机械教学法：机械教学法是最传统的一种教学方法，它是通过学生反复练习、记忆从而达到一种条件反射而成的，有一定的缺陷，会降低学生的积极性。

图文结合教学法：这是利用图片、实物来营造一定的氛围，促进学生的积极性，激发学生的兴趣，以更好地提高学生的学习效率，这种方法在小学教学过程中最为常用，可作为启蒙教学的常用方法之一。然而许多抽象的东西无法用图表示出来，所以这种识字教学法能适用的范围很窄。

"新说文解字"法：何谓"新说文解字"，即放弃传统"说文解字"通过分析汉字的成字意义，追本溯源，而是通过自己对字形、义的主观理解进行分析，这样可以更好地识记用自己的方法理解的汉字，如在分析汉字的构形与意义时，放弃传统文字学的溯源分析，根据个人的理解对现代汉字的形义关系进行主观的阐释。如将"海"解释成"每天都有水就是海"。这种方法比较受欢迎，因为它不但能激发学生的兴趣，而且有时将一定的"理"融入其中。

会意记忆法：我们可以根据汉字造字规律记忆汉字。如"武"字可以会意为停止战争为"武"即止戈为武。

部件识字法：先学习具有较强组字功能的独体字（如：心小大马牛女干……），学会了独体字以后再在其基础上学习合体字。如学"上"、"心"再学"志"，先学"口"、"王"再学"呈"，最后学"程"字。此外，在小学中较为重要的一种汉字学习方法是拼音识字法。"拼音学话，注音识字，提前读写，利用拼音，帮助汉字，学好了汉字，不丢掉拼音。"[5]学生在掌握声、韵母以及声调拼写规则以后再来认识汉字，从而建立语音与语义的联系。通过这种方法，几乎可以识记所有汉字，其他方法较难表述其抽象意义的汉字也可以方便地学习。这种方法被众多人认可，已经得到广泛使用。正如《语文课程标准》中所指："汉字教学要充分考虑儿童的个人因素，引导学生利用资源，充分利用其生活经验，教学相结合，多在生活中学习，在实践的过程中学习并逐渐完善。"可以说，小学阶段多种多样的学习汉字的方法是识记大量汉字的有效手段。

在识字方法上，由于中学阶段学生的认知与心理水平明显不同于幼儿与小学阶段，这一阶段方法除了大量的机械记忆以外，还有以下一些常见的方法：

字理识字：由于汉字是表意文字，大多数汉字都是形音义三者的结合，如果可以在学习汉字本身规律的基础上识字便可达到事半功倍的效果，"六书说"就是系统地将汉字的形音义结合起来，使其形成自己的文字规律，将这一理论应用到汉字的识记过程中可以达到很好的效果。

字族文识字：虽然文字数量繁多，但是总的来说文字都是由一定的母体字派生而来的，这一点可以在整个汉字中看出来，如由"工"这个母体字派生而来的"红""虹""仁""讧"等字，这种识字方法可以举一反三，触类旁通。这一方法对区别形近字和近义字是很有价值的。

对于高中阶段的学生来说，由于他们已经具备了一定的汉字基础，识字量也得到了一定的积累，针对这一特点，高中阶段的识字教学就不需要像中小学阶段那样进行集中的识字锻炼，以及开授专门的识字课了。这一阶段的一个显著特点是通过汉字蕴含的文化和审美内容来教授，渗透了中国汉字文化的内容。将传授中国悠久文化历史同汉字本身的演变历史相结合，能够更加形象生动地展现汉字所蕴含的文化与内涵。同时，这种教学方法在识记效果上也有一定的好处。

事实上，很多同学都遇到过这样的问题，两个相近的字很难区分开，譬如"即""既"二字，只有当了解到这两个字的文化内涵才能更好地理解它们，"即"代表右边有人跪坐着面向食物，便可引申为"接近"，而"既"则代表跪坐之人已吃饱转身，可引申为"完"。这也是这一方法在实际应用中的效果。

上述策略的运用不是孤立的，往往穿插使用。[6]此外，还有一些教师灵活地运用歌诀、游戏、故事等手段作为辅助性的教学方法，取得了较好的教学效果。

三、教学遵循的原则

由于两者都是"教"与"学"的过程，所以在教育的基础理论方面存在着相似性与共通性。主要表现在以下两个原则：

（一）科学性原则

科学性原则是指教给学生的知识必须是正确反映客观世界发展规律的

科学知识，而且教学方法、教学组织形式也应该是科学的，而不是随意的。汉字是一个科学的文字体系，我们的教学只有正确地遵循这个科学体系，才能教好、学好。如汉字认知须遵循"整体—部分—整体"，由"具体到一般"等规律，无论是在母语汉字教学还是在对外汉字教学中，都是从笔画到部件、从独体字到合体字的顺序进行教学的。

（二）循序渐进原则

循序渐进原则是指根据学生自身的认知特点，遵循一定的教学逻辑，按照一定的规律组织进行教学的原则，这一原则要求我们由简至繁，由浅入深地进行汉字教学，中国文字的母语教学，往往是从最简单的中文字符开始教起，逐步深入，然而，外国学生在学习汉字时接触的却是复杂的复合字，这也使得对外汉字教学在很大范围内受到阻碍，难以前行。

总之，语文教学中的汉字教学是我们教学的一项重要任务，我们应积极改进教学方法、丰富学习策略，结合心理学、教育学的最新成果，甚至我们还可以借鉴外语教学中的一些成功经验和有效手段，提高对汉字的教学效果。

注释

[1] 佟乐泉：《对外汉语教学中的几个语言学习问题》，《语言文字应用》，1997年第1期，第7~11页。

[2][3] 中华人民共和国教育部：《九年义务教育全日制初级中学语文教学大纲（试用修订版）》，人民教育出版社版，2000年版，第1~4页。

[4] 易固基：《试论幼儿汉字教育》，《江西师范大学学报（哲学社会科学版）》，1995年第8期，第92~96页。

[5] 周有光：《中国的汉字改革和汉字教学》，《语文建设》，1986年第6期，第9~12页。

[6] 伍巍：《对外汉语教学中的汉字教学探讨》，《广州大学学报（社会科学版）》，2004年第7期，第35~39页。

小学语文教学中的"情境"应用问题研究

凼底中心小学　唐国球

摘要　学生自主学习的效果与当时所处的学习情境有着很大的关系。因此,教学过程中必须创设最佳的情境,激发学生学习的兴趣,点燃他们思考的火花。现在,在小学语文课堂教学中,越来越多的教师开始利用情境教学法来进行教学,教师在现代教育理念的指导下,进一步研究课堂教学情境创设的途径和方法运用就显得至关重要。本文针对学生思维特点和认识规律,分析了情境教学法在语文中的运用,使学生养成自主学习、探究学习的良好习惯,从而有利于解决语文学习中存在的问题。

关键词　情境教学　小学语文　教学方法

情境教学法源于二战后的欧洲,很快就传到了中国。情境教学法是根据学生学习心理和语文学科的特点,采用直观、形象的教学手段,创设与教学内容相适应的场景或氛围,引起学生强烈的情感体验,以调动学生的学习兴趣、提高教学效果的教学方法。"情境教学法"的实质就是在一定的教学情境中,启发学生主动学习,使他们听其言,入其境,体其味,动其情,达到陶情、明道、长智的目的。它能有效地解决当前我国语文教学中存在的某些问题。

一、小学语文中存在的问题

课堂教学的整体优化,促进语文教学质量的全面提高,是当前小学语文教学的主要课题。针对当前的教学、教育现状，小学语文课堂教学质量的提高对实现上述目标的实现又起着举足轻重的作用。虽然语文课程改革实验已经走过了几个年头，语文教学也在悄然间发生了很多的可喜的变化。学生的主体地位得以体现，然而，在教学实践中发现，小学语文课堂教学中普遍存在着下列有待解决的问题。

第一，教师教学拔高要求，教学繁杂。

第二，教师教学死抠教材或无度拓展。

第三，朗读指导重技巧，情感体验不深刻。

第四，教师教学过分依赖教材和备课资料。

第五，教师对教材把握不准、处理不当等等。

教师的教育视野不够开阔，不能从学生个体综合素质的培养中去关照语文教育。没能更好地体会到"教和学"共同的目的都是为了促进每一个孩子和谐全面地发展。学生在语文学习中的主人翁地位没有得到充分体现，"自主、合作、探究"的学习方式尚未被大多数教师作为理想的学习方式在学生中提倡和推广。据调查了解，在语文教学中，老师们通过各种途径、方法，调动学生学习积极性的情况分别是："有趣的故事"占36%，"语文自身的魅力"占58%，"与实际生活联系紧密的问题"占69%，"教师的人格力量"占35%，综合运用上述方法的占24%。这些数据，说明了教师们都能采用一定的方法调动学生学习语文的积极性，也表明教师对语文自身丰富的人文内涵理解不深，未能充分运用多种途径，鼓励学生发挥学习的潜力。教育家孔令凯把小学语文教学中存在的问题，归结为"四多四少"。

（一）空洞讲解多，深入品味少。老师只对课文进行整体的把握、鉴赏，涉及思路与方法时，不能给学生以指导。

（二）照本宣科多，独立钻研少。年轻教师不知如何教，教参图解化。教师不认真钻研教材，离开教参无法上课。缺乏自己独立的钻研，教师看课文读不过五遍，照搬他人思想。

（三）讲授知识多，指导方法少。生字词读音抄在黑板上，教师该教学生如何解决问题，掌握检字法。学生只做题不读书，课堂上听不到读书声。

（四）无效劳动多，学生收获少。课堂上充斥无效劳动，学生不能深入文本，课堂上很热闹，但学生收获却很少。

二、以情境教学法解决当前语文教学中的"空洞讲解"的问题

对于"空洞讲解多,深入品味少"的问题,情境教学法中的图片展示、多媒体展示、朗读再现、联系生活再现都对此有着行之有效的作用。

(一)朗读再现情境

每一篇文章都是作者对所见所闻所感进行的描述,要让学生更好更贴切地认识认同他们所描绘的内容,重要的环节便是对这一情境进行再现。但是在再现的过程中,学生的主体地位是无法替代的,老师只能在旁进行引导。学生必须自己进行视听神经的协同活动,并且接受文字符号所代表的音形,只要了解了字形的意思,从而上升到对语言意义的整体认识,在认识了这些以后,学生才能再造想象。而这些必须依靠学生自身的真心实意去读课文。"通过朗读,学生不断地调动自身的形象思维积蓄,并按照自己的思维方式,想象出作者所描述的情境;通过朗读,不断地进行调整,使作者表述的情境更加的清晰、准确。"但是在指导学生朗读的时候,老师要对课文中较为难懂、关键的段落、句子、词语、句式进行引导,使学生印象更加的深刻。如《田忌赛马》这篇课文,就需要同学们来进行角色朗读,找三个同学分别扮演田忌、孙膑、齐威王来进行对话,再现当时的情境,这样的角色朗读不仅可以更加直观地看清楚他们之间的关系和课文的内容,还能锻炼学生的参与能力。

(二)联系生活再现情境

很多作者的灵感都是来源于生活,所以,生活其实就是语文的源泉。小学生的生活阅历虽然不是很丰富,但对生活还是有点认识的。而联系生活再现情境,其实就是把文中作者描绘的生活与学生的生活通过情境的创设连接起来,打开学生的生活库存,增强他们的生活阅历,加强对课文的理解。如《锄禾》这首诗,为了帮助学生了解生活的艰辛,就要求学生联系实际,但很多城市的小学生甚至根本就不知道他们平时吃的米是怎么来的,那他们哪知道农民们的苦。"谁知盘中餐,粒粒皆辛苦。"相信对于他们而言只像是一首歌谣,具体的意思根本就不得而知。

例如采用情境教学法来教授《丑小鸭》这篇课文,可在讲授课文之前,拿出丑小鸭和白天鹅的图片,问学生:"你们觉得哪张图片上的动物

好看，为什么这样觉得？"老师要让学生自己主观认为到底是丑小鸭美呢？还是白天鹅美？老师先不要灌输学生对于美丑的感官认识，让他们自己分别说出在现实生活中认为美和丑的事物。课堂前的这几分钟互动，不仅集中了学生的注意力，还活跃了学生的思维能力。在热身之后，带领学生来认知课文，老师在上课前可以做以下准备：

1."丑小鸭""公鸡""鸭妈妈""鸭姐姐""小鸟""小姑娘""猎狗""白天鹅"的头饰。
2.课件：丑小鸭出生、出走的动画片。
3.生字、生词的卡片。

上述准备，是进行情境教学法必不可少的工具，丑小鸭出生、出走的动画片，有利于学生更好地了解丑小鸭所有的经历。虽然课文中也有介绍，但是仅仅上二年级的学生还是不能较快较好地接受躺在书本上的文字，相比之下，鲜活的动画片更能吸引他们的注意力。在解读课文的时候，遇到难懂的字词，老师可以借助上面准备的生词卡片进行生动地演示，如"讥笑"这个词，同学们较为难懂，笑有很多种，有微笑、大笑、傻笑等，什么又是讥笑呢？这个时候老师需要下一番功夫，你可以准备好各种笑的图片，然后分析各种笑的不同点，从而让他们来理解何为讥笑。解释了这类词语，让同学更好地了解为何丑小鸭会离家出走，在学生们基本了解了文中丑小鸭的经历之后，让同学们带着上面准备的头饰，进行角色扮演。角色扮演不仅能够活跃课堂气氛，而且让学习的主体成为学生，让他们在角色中更好地去体会个中三昧，比起老师的苦口婆心要好得多。在对课文有了进一步地了解之后，可以开展一堂童话讨论课，说说哪些童话故事给你带来更多的教育意义。这样不仅可以调动学生们的思维能力，还能积累学生的阅读量。情境教学法让学生在游戏中学习，其效果可想而知。

三、以情境教学法解决当前语文教学中的"照本宣科"的问题

大家都知道，我们的大脑左半边是负责抽象逻辑思维的，而右半边是

负责形象逻辑思维的，两者合理的配合才能使大脑得到更好的利用。在教学过程中一定要创设较好的相关情境，从而用来激发学生学习的主动性，并启发他们的情感，点燃思考的火花，使学生的智力、认识能力、人格道德在生动形象的情景教学中得到更好的发展。并且，老师要把情境教学法作为是教学中的核心环节，而且最好是自己独一无二的设计，不能仅仅是在教学中的偶然"伴随物"。在教学的过程中，老师和学生对情境教学法的认识要不断地深化，从而使情境教学法成为教学中的一大特色，并且能得到普及。

20世纪初，美国心理学之父杜威提出"从做中学"的教学理论，他认为教学过程主要是"设置问题情境—（学生）发现和提出问题—（学生）研究和制定解决方案—（学生）实施方案—检验与评价"。这种教学模式充分地增强了学生学习的兴趣，调动了学生学习的主动性，并且，还使学生是学习主体的这一理念得以实现。而情境教学法把这一理论中的精华得以提炼，老师设置悬念，让学生自己去质疑，并且找出问题，解决问题。把学生自己研究和制定方案与教师点拨启发相结合，这样不仅调动了学生的学习主动性，还发挥了教师的主导性。

情境教学法中的表现形式：扮演角色体会，其中包括课本剧的表演、角色扮演。

(一) 课本剧的表演

为了使情境教学法更加生动形象地呈现在学生面前，老师可以让学生进行角色扮演，通过让学生的心理位置发生变化，把自己设定为课文主角，用全新的身份去感受，这样，不仅能迅速地把课文内容表象化，还能更快地了解课文内容。

如《掩耳盗铃》中，小偷为怕邻人听见铃声便把自己的耳朵掩起来这一情节可以让学生来演示，不仅能活跃课堂学习氛围，还能帮助学生更好地了解小偷的滑稽。但这样的表演常用于低年级教学，如果运用过多，则浪费时间，过于花哨，占用了学生朗读、思考的时间。

(二) 角色转换

角色转换就是指学生通过老师用语言描述的场景把自己假设成某个人物。角色转换的新鲜感，可以调动学生学习兴趣，使学生作为"当事人"活跃在课堂上，忘我的扮演角色，从中了解课文，由传统的被动学习转变为主动学习。

让我印象深刻的一次教学，便是福州特级教师林莘老师送课下乡展示的《为人民服务》。她的课件设计得很巧妙，她事先让学生收集张思德的资料，在课堂上让同学们相互交流他们的所得。然后，派出学生代表来讲述大家搜集到的张思德的相关事迹。林老师在上课前也准备了张思德的电影，学生在观看张思德的感人事迹之后，不仅对张思德有了更全面地认识，还提高了学生对高尚品格的认识。接着，林老师声情并茂地对学生说："假如你现在是毛主席的助理，明天要去参加张思德同志的追悼会，今天就要把发言稿写好，现在就请列个提纲吧。"只见学生兴趣高昂，快速地拿出笔纸，唯恐落于人后。这样巧妙地安排，把一节本可能枯燥的语文课上得精彩万分。前来听课的老师都发出这样的感叹："《为人民服务》这篇课文原来可以这样上！"其实，现在很多名师都是采取这种上课方式，让学生身临其境，引导学生设身处地地去体验文章作者所描绘的情境，比起老师一味的灌输效果要好得多。

四、以情境教学法解决语文教学中的素质提升问题

在小学语文中，比较有难度的体裁当属说明文，而这类文章的讲授就需要很好地利用情境教学法。情境教学法中的直观演示和音乐渲染对于这一问题的解决具有比较显著的效果。

（一）直观演示展现情境

不论是小学语文教学还是中学甚至是大学，它们的教学都必须要从感性认识开始，这就需要老师来合理地创设情境了。学生在老师创设的情境下对要认识的教材进行感知、理解，从感性认识上升到理性认识，从形象思维上升到抽象思维，从而达到提高学习效率的效果。直观演示的主要方法为以下几种：多媒体课件的演示、投影、实际操作、实物的展现等等。比如在讲授《草船借箭》这篇课文时，老师很难把当时那种雄壮的场景说明出来，这时，老师可事先准备好一段《三国演义》中的片头曲，让学生在高亢的歌声中体会那气势磅礴、惊心动魄的画面，仿佛亲眼看见诸葛亮在睿智、镇定地指挥着。学生的学习主动性不自觉地就被调动起来了，从而自然而然地进入到课文中特定的情境中。特别是语文课本的议论文，情境教学法的引进，可以让这类文体的课堂也变得活跃、积极。

（二）音乐渲染情境

我们都知道王国维是诗意境界创造的高手，他的《人间词话》便是其中的佼佼者。他喜欢用音乐渲染情境，创设浓郁的诗境。如在讲授《静夜思》的时候，老师若先配上一首较悲伤的轻音乐，让学生在未深切了解李白的思乡之情时，就先"感伤"起来，这样效果会更好。

总之，在小学语文教学中，情境教学不仅是一种语言艺术，更是一种不可或缺的教授方法，出色地解决了小学语文教学中出现的四多四少等一系列问题。运用恰当适宜的情境教学能激发学生的兴趣，丰富学生的感受，陶冶学生的情操，当然对我们教师的自身素质也有更高的要求。

在国家全面推行"素质教育"的大环境下，教师的教育观念有了一定的转变，但与现代教育理念仍有较大的差距。用情境教学法来解决小学语文教学中存在的"四多四少"的问题，具有时代意义。不仅响应了国家教育部的政策，更提高了学生的教育质量。

参考文献

[1] 戴玉清：《小学语文教学常用的几种教学情境》，《科学文汇》，2007年。

[2] 宣英：《语文情境教学法探析》，《黑龙江教育学院学报》，2011年。

[3] 黎彩虹：《"情境教学法"模式的探索与应用》，《伊犁教育学院学报》，2001年。

[4] 戴玉清：《小学语文教学常用的几种教学情境》，《科学文汇》，2007年。

从心理学角度对小学语文中学生自主学习策略的应用初探

湖南省永州职业技术学院附属小学　马彦

摘要　本文通过对心理要素的分析，结合教学实践，从立足于学习场，多维度强化学生的自主学习动机；抓住关键点，让小学生从多层次发展自主学习能力；增强自主学习的"效能感"，多途径提升自主学习品质等三个角度探讨了自主学习能力的多维度渐次培养策略。

关键词　自主学习　小学语文　语文学习策略

对于自主学习，最早研究的 Holec 认为是对自己学习负责的一种能力，一种潜在的，在特定环境中可以实施的能力，而不是个体在此环境中的实际行为。陆灵俊认为自主学习主要具有三方面的特征：学习者积极运用思考、学习等各种策略，在解决问题中学习；学习者在学习过程中投入情感，在内动力的支持下，从学习中获得积极的情感体验；学习者在学习过程中对认知活动进行自我监控，并做出相应的调适。笔者从心理学的角度认为自主学习就是在学习过程中培养学生主动学习、探求和运用的能力，但由于我们对其心理要素特征把握的不足，自主学习能力的培养往往停留于提高自学能力的层面。特别是在小学语文教学中，如何最大程度地促进学生自主学习，从而进入一种高品质的学习过程呢？本文试图基于心理要素分析，结合教学实践，谈谈自主学习能力的多维度渐次培养策略。

一、要立足于学习场，多维度强化学生的自主学习动机

调动学生参与学习的积极性是自主学习的首要因素，教师要善于激发学生的求知欲，启迪他们进入"想学"的动机状态。对此，我们通常采取激发兴趣的方法，但这是远远不够的。我们认为，教师应立足"学习场"的建构，从课堂氛围、学习兴趣和求知欲念三个维度系统地考虑教学策略。

（一）创设"童言无忌"的课堂氛围

新课程强调学生是主动自觉的求知者和探索者，倡导"思维无禁区"的课堂教学。因此，教师要真正把学生看成平等对话、互动探讨的伙伴，形成"童言无忌"的课堂氛围。一方面，教师要有"宽容—承认"错误的态度。教师不仅要允许学生发表意见、争论辩驳，而且对于学生的怪异回答或问题要有宽容心态。教师对自己没有把握的问题要敢于说"不知道"，对自己的错误要勇于承认，从而形成无拘无束、坦然对话的教学情境。另一方面，教师要有"倾听—引导"表达的意识。教师不仅要耐心倾听学生的发言，教会学生倾听别人的发言，还要鼓励学生敢说、大声说、人人说，指导学生说正确、说流利，促使他们从想说、敢说、爱说，不断趋于正确、完善。

（二）激发"急切投入"的学习兴趣

只有积极投入的学习才能使语文课堂变得生动、轻松起来。这就要求教师要善于激发学生的兴趣，让他们处于"急切投入"的心理状态。在新课导入阶段，可以通过创设情景，调动学生的各种感官积极参与，活跃思维、开启想象。例如，教学《太阳》时，通过绘画导入新课，让学生画一画自己心中最喜欢的太阳，从而经历一番独特的体验。在教学展开阶段，教师更应注重保持学生的学习兴趣，通过引起学生的心灵震撼和情感共鸣，吸引学生的注意力，保持学习动力。例如，教学《再见了，亲人》时，运用资料引入法、激情导读法、质疑讨论法等，引导学生真切地走进文本；教学《桂林山水》时，通过赏析朗读让学生感受语言美、结构美和意境美等。

（三）形成"欲罢不忍"的求知欲念

如果说课堂氛围、学习兴趣是自主学习的催化剂，那么求知欲念对自

主学习才具有引发、导出和定向的作用，是学习动机的核心要素。因此，教师要根据教学目标的需要结合教学内容创设特定的认知情境或心理矛盾，从而形成欲答不能、欲罢不忍的心理状态。只有这样，才能真正形成学生自主的"学习场"。对此，设置悬念是一种很好的方法，可以使学生产生企盼、渴知的心理状态，自然而然地将心理活动指向学习对象，积极主动地思考和探索。例如，《狐狸和乌鸦》这篇课文写的是大树上的一只乌鸦和大树底下的一只狐狸，它们之间到底发生了什么有趣的故事？《林海》这篇课文写的是"林"还是"海"，还是"林"和"海"都写？诸如此类的问题。

二、要抓住关键点，让小学生从多层次发展自主学习能力

学生自主学习能力的培养不是单向的线性策略，不仅要关注不同学生的不同发展需求，让每个学生都获得发展，还要关注自主学习能力在不同水平上的渐次提高。因此，教师要真正把课堂教学作为指导学生自主学习的过程，注重教与学有机结合的关键点，多层次地培养学生的自主学习能力。

（一）挖掘小学语文学习中的弹性点，发展学生感知性的自主学习

自主学习的基础能力在于获得常规学习方法和基本知识技能，培养学生的感知性自主学习能力是课堂教学的基本要求。因此，可以抓住教学内容的弹性点，建立可自主选择的学习内容，满足不同学生的不同发展需求。教师要善于把教学目标转化为具有弹性的学习目标或要求，通过学生自主确定适合的学习目标，各自获得应有的发展。例如，《老牛》一课的教学目标可转化为三个逐层递进的目标：一是在同学自画的老牛中选出最喜欢的一幅，在文中划出相应内容；二是说说喜欢的原因，在文中找出理由；三是想想自己理解句子的方法。同时，教师还要善于抓住问题教学的弹性空间，设计一些宽域度、长答距的问题，让学生充分展示自己的理解和感受过程。

（二）挖掘小学语文教学中的各种训练点，发展学生探究性的自主学习

在感知性自主学习的基础上，教师可以进一步结合学生质疑、教学要求和教学内容等挖掘训练点。通过各种形式的思考、讨论，引导学生逐步

深入地解决问题，发展探究性学习能力。例如，教学《松坊溪的冬天》时，针对学生质疑"松坊溪的冬天为什么那么吸引作者"提出自学要求。引导学生交流讨论，深入体会作者的思想感情。又如，《仙人掌》一课中要求学生了解仙人掌的顽强生命力，可以结合文中的重点语句设计练习，在炎热的夏天里，其他盆栽都已经垂下了头，而仙人掌像（　　）；在寒冷的冬天里，别的盆栽早已被主人捧回室内，可是仙人掌（　　）……学生很快就明白了作者是采取对比的方法，突出了仙人掌的顽强生命力。

（三）挖掘教学工作中的空白点，发展学生创新性的自主学习

新课程强调教学不能使学生的思维局限于课堂之内，更重要的是赋予他们想象的能力，在立足文本的基础上，激发创新性思维。因此，教师要善于抓住小学语文课文中的"空白点"引导学生充分发挥想象力和运用创新思维，赋予自己的理解、想象与思考，学会巧妙填补，追求自主学习能力的深层次发展。例如，教学《给予树》时，可抓住金吉娅为是否买洋娃娃送给毫不相识的小女孩而左右为难的心理空白引导学生深刻理解金吉娅做出决定的慎重，真实感受这种无私的爱。又如，教学《绝句》时，如何将诗中的"翠柳、黄鹂、白鹭、青天、千秋雪、万里船"连接起来，体会其中的美呢？可请学生闭上眼睛展开想象，在美丽的意境中获得超文本享受。

三、要从不同的角度增强自主学习的"效能感"，从而多途径提升自主学习品质

在培养学生自主学习能力的过程中我们往往重视强调其价值意识，让学生了解学习成果对自己所具有的重要意义。但是，说教式的强化有时往往适得其反。因此，我们应以增强自我效能感作为强化价值意识的基础，帮助学生不断提高自主学习的信心，进而逐步提升学习品质。

（一）在教学中注重学法渗透，增强学生自我实现的效能体验

掌握学习方法是学生学习自信心的重要来源，然而专门的学法指导往往事倍功半。因此，教师要善于从学生的学习角度来设计教学方法，将教法和学法有机地结合起来，让学生有序地进行学习，既能达到教学目标，又学会学习方法。例如，教学《董存瑞舍身炸暗堡》时可以选取一个段

落，先让学生边读边划出描写董存瑞的句子，接着圈出其中的动词，然后选出最主要的动词，最后才让学生把它们连成通顺的句子。这样，学生很快就读懂了段落的主要意思，也学会了归纳段意的方法。另外，习得的学习方法只有懂得迁移运用才能增强自我效能感，这就需要我们由易到难地进行情景变换，将方法转化为解决实际问题的技能，真正做到"教是为了不教"。

（二）注重学生的实践过程，增强其参与创造的效能体验

以参与创造为主要特征的语言实践活动能让学生以完全主体的身份进行独立思考、合作探究，有利于激活求异思维能力，对增强自我效能感和提升学习品质有着重要的作用。课堂教学中，可以借助表演活动深化学习体验。例如，在学生自主感知《狐狸和山羊》课文的基础上，采用课本剧表演的形式，通过配对排练、再现情景、分组表演、互动评议等环节，在揣摩再现中深化体验。当然，也可以通过动手操作，帮助学生突破学习难点，增强效能体验。例如，教学《田忌赛马》时，让学生反复排列玩具马的出场顺序，自主获取田忌赛马的制胜之道。还可以变换角色，让学生尝试"备课—授课"，促使他们在模拟的职业活动中归纳和掌握学法。

（三）注重教学中的多元评价，增强学生互动成长的效能体验

在教学中让学生不断体验成功的愉悦，是提升自主学习品质的重要保障。这种体验来自教师、同伴，以及学生自己对学习过程和结果的客观评价，找出失误的原因，提出改进的方法，逐步形成能力。但实际情况往往是，学生最认同教师的评价，最喜欢对同学进行评价，最忌讳对自己进行评价。自我评价是学生对自己学习表现的自我反思，是促进学生发展进步的重要内因，教师应把更多的评价时间留给学生，尽可能让每个学生充分发表意见，让他们经历人格发展的机会。而教师的评价也不是一味地给予肯定，还应以讲究评价的策略为重点，变"扬长避短"为"扬长促短"，变"留长弃短"为"扬长容短"，引导学生在互动评价中感受到"我能行"的快乐。

论日本动漫在日语听力教学中的价值与意义

武汉大学外国语学院 金素珍

摘要 动漫是语言、音乐、文学、历史等相互融合的综合艺术。在日语听力教学中如何巧妙地利用动漫吸引了笔者的关注。通过总结实际教学经验,笔者认为动漫与交际法的结合教学会给听力课带来很大的提升效果,日语教学应充分认识到这一点,使动漫在日语教学中发挥更好的作用。

关键词 动漫 日语听力 交际法

动漫是语言、音乐、文学、历史等相互融合的综合艺术。日本动漫以其含蓄、唯美、紧凑、生动等特点,受到了众多中国日语学习者的喜爱。实践证明,巧妙的利用好动漫来进行日语教学既能学到从教材中学不到的东西,比如,自然的口语、日本人的生活、日本人的行为习惯等,又能提高学习者对日语的学习兴趣。为此,深入全面地研究动漫的教学规律,对充分利用这一教学手段,提高教学效果有着重要的现实意义。

然而中国大陆对动漫的研究仅停留在对动漫作品的评价和推荐等表层问题上,很少对教师在多年来的日语教学过程中对动漫的使用状况、利用效果、未使用动漫的原因,以及如何更有效地使用动漫进行教学等问题进行过深入的调查和研究,将语言学理论与学习实践相结合,研究这类话题的论文还不多,尤其在我们国内,对这方面的研究还不全面和透彻。

本人在教学中发现了动漫在教学中存在正面价值也有负面价值。下面是以在语言文化职业学院日语专业的学生为对象,以听力课为研究载体,以一个完整的学期为研究时间,对动漫在日语教学中的价值和意义进行了实践性研究。

　　在教学实践中发现学生对动漫中出现的新单词和句子，以及日本文化非常感兴趣，很想继续学习。但是，还做不到十分流利地用日语表述自己的想法。这需要学生不断的努力，也是教师研究授课方法的一个重要课题。为了提高今后的学习效果，课后针对学生的感想和自身教学需要改进的地方，听取了学生的意见。学生的反馈意见大致有两种：一方面，画面、剧情、风景、课外知识，从视觉、听觉等各个方面给学生带来了很大的冲击力，比起传统的单方面听，避免了枯燥，给学生带来了很大的新鲜感，也给听力课堂注入了新鲜血液。学生的正面反应很多，诸如"感觉学到了很多东西"，"这种方式非常有趣"，"学到的日语非常自然"，"可以听到地地道道的语音语调"，"可以练习随机应变的能力"等等。当然负面的意见也有很多，因为日语学习者日语水平层次不一，成绩差的学生，有时听不懂台词，从而使得动漫在听力课上不能发挥应有价值。其次，相比于台词也许画面能更吸引学生的注意力，不听光看的学生也大有人在，这也是动漫带给听力课的一大挑战。比如说学生反馈的意见有"挺好看的，但是没听什么"，"不用听也可以看懂"，"觉得不是在上听力课，是在上影视课"等。那么如何有效地利用动漫教学无疑也是教师面临的一个难题。综合来说，学生对这种教学方式持肯定意见的比较多，将看动漫作为日语学习的学生占绝大多数。同时，笔者发现在观看动漫时，有很多学生非常留意演员的发音并自发进行模仿，这可以促使学生进行自律学习，并提高学生学习日语的兴趣。所以动漫在教学中的正面价值是值得肯定的，关键是如何更好地利用这种方式，从而克制其负面影响。

　　为此在一学期结束时，就其如何更好地利用动漫授课这种方式，笔者对学生进行了问卷调查，学生提出的意见主要有：1. 教师需要熟悉日剧的下载网站，并熟练掌握视频剪切的相关软件；2. 日剧的选择、视频的剪切、台词和练习材料的准备、教学活动的安排、活动时间的计算等都是课前的准备工作；3. 所选日剧应该画面清楚，演员的发音清晰且标准。如果不是特意为了学习日本方言的话，最好不要选择方言重的片段；4. 建议选择一些可以体现日本人礼节的日剧片段，让学生在耳濡目染中学习日本礼节，体会日本文化。为了克服动漫在日语教学中的负面影响，笔者找到了一个很好的教学方法，就是动漫在听力课堂的应用中，不能单独使用，一定要有其实践环节，即交际法在听力教学中的应用。这是有效避免听力课不在于"听"而在于"看"的弊端的一个有效的方法，因为交际法实际上就是一个测试环节，是把单纯的"听和看"变成有目的的"听和看"的一个很重要的教学方法。把听到和看到的东西内化成自己东西的一个有效环节。因为交际法的主要目的是培养学生具备用所学语言知识在社会生活中进行日常交际的能力的教学方法。其语言知识包括日常交际用语、社会文化背景知识、不同语言之间的差异、语言功能的不同等。这种教学方法能让学生观看动漫出场人物的自然对话，从而体会不同场景的语言的使用方法，了解说话者的年龄，职业和社会地位等不同，说话方式也会不同，从而达到培养自然的交流能力的教学目的。其次交际法强调学习者只有接触大量的地道的自然的语言才能形成交际能力。在教学实践中让学生观看日剧，应力求让学生听到地道的日语，观看到活生生的交流场景，从而提高学生的交际能力。交际法的典型练习法是分组练习和分角色扮演，以学习者为中心，主张学习者相互合作，互相交换信息。因而教学实践中应使用分角色扮演，让学生分组讨论，交换信息，互助合作。

总之，动漫与交际法的结合教学会给听力课带来很大的提升效果，日语教学应充分认识到这一点，使动漫在日语教学中发挥更好的作用。

歌曲的情感处理

增城市华侨中学 唐桂林

摘要 本文以歌剧《伤逝》的选段《一抹夕阳》为例，深入的讲叙怎样对歌曲进行情感处理，做到歌曲以情动人，以情感人，从而达到歌曲艺术的要求。

关键词 情感 情由心生 艺术要求

只要具备语言能力的人就有歌唱能力。既然每个人都具备歌唱能力，那为什么有的人唱得如歌似泣，余音绕梁三日不绝，而有的人唱出来的歌却尖锐刺耳如同噪音让人难受呢；即便有的人音质纯净、音色甜美、技巧高超，但就是感染不了别人，感动不了观众。这就要求歌者除了具备歌唱能力，歌唱技巧外，还需要一样非常重要的素质：那就是对于歌曲的理解和情感处理能力！可见歌者对歌曲的理解和情感处理的是否恰到好处，就是歌者的歌声是否能感动观众的关键所在。下面本文就歌曲的处理问题提出一些看法。

一、了解作品的创作背景

歌者想要唱出动人的佳作首先要理解作品的创作背景，下面以《一抹夕阳》为例来进行说明。《一抹夕阳》是歌剧《伤逝》的选段，该曲也叫《子君浪漫曲》。歌剧《伤逝》是鲁迅的作品，描写的是主人公涓生和子君的爱情悲剧故事。涓生和子君是"五四"时期的知识青年，他们接受个性解放、平等自由、民主的思想，为了争取个人的婚姻自由，追求美满的爱情，冲破旧礼教的禁锢而勇敢地走到一起，但自身的软弱使子君和涓生无法摆脱旧势力的重压和生活的贫困，他们的爱情最终以悲剧结局。《一抹夕阳》是女主人公子君的咏叹调，子君逃离了封建家庭，寻找到了自由的爱情，但是觉得生活压抑，因为她的先进思想和社会格格不入，封建社会无法接受她的自由恋爱和同居。她觉得心里异常的压抑，因此站在窗前，面对夕阳，抒发自己的苦闷、彷徨和对生活的不理解，但她又是勇敢、坚强、淡定的，此时的她内心情感非常复杂。因此想唱好这首歌曲，只有了解了歌曲的创作背景，了解了作品的故事情节，才能更准确地把握住人物的性格特征和人物的内心世界，才能准确地表达歌曲的意思，因此想演绎好一首歌曲，首先要理解歌曲的创作背景。

二、准确理解歌词

明白了歌曲的创作背景之后就要看歌词写的是什么意思，歌曲《一抹夕阳》整首歌词是一段体，可分为四个层次。"一抹夕阳，映照窗棂，串串藤花送来芳馨，望着窗前，熟悉的身影，我的心啊思绪纷纷。"这是第一层，这个画面给人的感觉是温馨、柔美、浪漫的。要求歌者情绪平稳，声音淡出、优美。"破网的鱼儿游向大海，出笼的鸟儿飞向云空；冲开封建家庭的牢笼，去寻求自由的爱情，去寻求自由的爱情。"这一段女主人公子君把自己比作"破网的鱼""出笼的鸟"，为了自由和爱情，勇敢地与家庭、旧礼教、旧社会、旧思想进行抗争和斗争，演唱这一段时要求歌者意志坚定、声音坚定、有力，咬字准、狠，情绪激动，速度加快，从而表现勇敢、坚定、不屈的情绪。"啊！心中的歌，歌中的情，唱不尽姑娘的心声，啊！诗一样的花花一样的梦，他是我心中明亮的星。"这一层是全曲的高潮，是全曲的抒发，是子君对涓生爱的表白，要求歌者情绪更加激动、投入、忘我，句句推进达到全曲高潮。"一抹夕阳，映照窗棂串串藤花送来芳馨，望着窗前熟悉的身影，我的心啊，难以平静，我的心啊，难以平静。"这是最后一层也是第一层的重复，还是看着淡淡的夕阳和熟悉的身影但心情却不平静。但情绪却与第一层有所不同，第一层是回忆的，淡淡的引入，最后这一层是子君回忆完以前为爱情而抗争，为自由而努力的点滴之后又回到了现实当中，现实的艰辛让她觉得迷茫和困惑，但她依然坚持自己的立场，尊重自己的选择。因此这一段的演唱要求情绪积极，声音线条流畅。

三、分析作品

《伤逝》全剧只出现两个角色，曲作者施光南将其中的女主角子君定位为抒情性的女高音，而《一抹夕阳》是其中较为重要和典型的咏叹调，歌曲具有很强的抒情性，具有很丰富的内心世界的变化，在音乐上比较单纯，旋律多在中音区流动。节奏平稳，乐句不长，没有过高或过低音的保持。全曲速度、力度变化不大，但音乐内涵丰富、表情细致。歌曲的结构是带再现的单三部曲式（前奏——A——B＜b1 + b2＞——A1）。"一抹夕阳，映照窗棂，串串藤花送来芳馨，望着窗前，熟悉的身影，我的心啊思绪纷纷。"A旋律流畅、优美，音区集中在中低声区，像讲故事一样娓娓道来，将子君的情绪推入到以前的回忆之中，因而此段情绪缓和、平稳。"破网的鱼儿游向大海，出笼的鸟儿飞向云空；冲开封建家庭的牢笼，去寻求自由的爱情，去寻求自由的爱情。"这一段是b1低音后的一拍休止，马上一个八度的大跳，将人们的思绪带入到从前的抗争中，音区往上走，之后又高低音多次交替出现，表现了一种斗争的过程，同时将情绪一步一步往前推，在b1的结束句中巧妙地出现升fa到sol，让人们仿佛看见了胜利的曙光，紧接的两拍休止之后的抒发，进而达到b2的高潮。这一段情绪激动、斗争、勇敢、坚定、无畏。"啊！心中的歌，歌中的情，唱不尽姑娘的心声，啊！诗一样的花花一样的梦，他是我心中明亮的星。"b2是全曲的最高潮，三连音节奏的出现，时而激动时而舒缓，表现了子君激动、叹息、无奈的心情。"啊！心中的歌，歌中的情，唱不尽姑娘的心声"这一句是激烈抗争后胜利的抒发。"啊！诗一样的花，花一样的梦"这一句舒缓的中低音是为最后一句的抒发做好铺垫。"他是我心中明亮的星"这句就是全曲高潮的最后一句，是子君对涓生爱的表白，要求歌者情绪更加激动，投入忘我。"一抹夕阳，映照窗棂串串藤花送来芳馨，望着窗前熟悉的身影，我的心啊，难以平静，我的心啊，难以平静。"这是A1最后一段也是第一段的变化再现，曲调优美，富于歌唱性，使整首唱腔前后呼应,风格统一。但最后一句"我的心啊,难以平静"以舒缓的慢的节奏结束,表现了子君对现实生活的一种思考和彷徨。

四、对作品进行细节处理

纵观《一抹夕阳》这个作品,从宏观上我们知道作品分为再现的三部曲式,三段的力度和情绪也有所不同,第一段为mp,优美轻淡的描述,情景由远"一抹夕阳,映照窗棂"而近"望着窗前,熟悉的身影",再自身的感受,这一段为故事的开端,有思想、距离和空间的变化,这种变化演唱者也必须用心用情来交代清楚。这样才唱出了歌曲的全部内容。第二段为f,在力度和速度上都要加强,情绪上突然激动兴奋,回忆为自己的理想和幸福而斗争,三个人物、鱼儿、鸟儿和自己也要交代清楚,特别是第二个"去寻求自由的爱情",把那种长期在心里和生活中存在的矛盾、挣扎、斗争最后全部释放,接着就抒发心里的爱恋,和自己来之不易的幸福,如诗如梦,最后再来一次尽情的、忘我的表白,愿永远都沉浸在那种爱的幸福中,特别是多次三连音和变化音的出现,表现了子君那种对来之不易的爱情的珍惜、小心翼翼,那种情绪、那种心理要恰到好处的表达。第三段为mf旋律是第一段的重复再现,同样的情景、相同的旋律,但不同的心境,从第二段痛苦而又美好的回忆中回到了现实。虽然他们是成功了,但接下来的现实生活却是如此的残酷,社会容不下他们,家庭、朋友、邻居都不能接受他们,生活是如此的艰辛。夕阳依旧,紫藤花依旧,人依旧,但感觉却不再,满怀的失落、惆怅和迷茫,"我的心啊,难以平静……"

总之,想演绎好一个作品,除了要求歌者有一定的音乐素质,全面的音乐素养,扎实的歌唱技巧外,还要求歌者有较强地对作品分析、处理的能力。要求歌者必须全面地了解作品:歌曲的创作背景,词作家的创作意图,曲作者的创作想法,甚至一个音符一个记号的意思都要仔细推敲。这样才能透切地理解一个作品,才能让自己更好地投入到作品中去,才能准确地表现作品,做到以情动人,以情感人,情由心生,达到音乐艺术的最好境界。

国画人物教学之我见

湖南师范大学博士 黄思源

摘要 以往美术类高校在对中国画工笔人物画和写意人物画的教学课程安排上，普遍是以"先工后写"的课程安排模式为标准，这种模式，现今看来存在诸多的问题和缺陷，应针对目前学生的实践状况和能力进行调整。从分析"先工后写"和"先写后工"之间的效果差异来看，发现"先写后工"可以避免人物画以线造型和单纯模仿客观形象等方面的弊病，更能充分发挥学生的主观能动性，使之大胆按照美的规律去塑造理想化的艺术形象。

关键词 先工后写 先写后工 以线造型 单纯模仿

近半个世纪以来，中国人物画得到了长足的发展和进步，在表现形式及技法等方面的探索、研究和实践，都较以前要深入和丰富，尤其在高等美术院校的教学与创作中，大量吸收了西方的绘画观念、理论和技法，呈现多元发展的格局。

一、先工后写存在的问题

在高等美术院校的国画教学中，工笔人物、写意人物都是必修课程。在排课顺序上，总是先安排工笔人物，后安排写意，多年都是如此。宋代苏东坡就说过："必先极工而后能写意，非不工而逐能写意也。"先工后写成了国画教学遵循的原则。工笔人物画是先以素描的方式起铅笔稿，然后拷贝到熟宣纸或白绢上，再落墨勾线。勾线必须紧跟轮廓，要十分小心、谨慎。初学者画起来，难免拘谨、呆板，如同带着镣铐跳舞，线条僵硬，没有表现力和美感，当然也就谈不上气韵生动。尤其在勾勒面部五官、上下眼睑和嘴唇重要部位时，如果用线稍粗、稍细、稍直、稍曲、稍硬，人物神态就会失之千里。画老年人稍好些，画到年轻人，特别是画年轻女性，更感到无从下笔。面部的重要结构，如下眼睑、颧骨、鼻唇勾一勾线，往往画出来显得很老，只有放弃。

这样画出来的人像，面部空空，刻画极不充分。先学工笔人物，学生无法用简练的线条刻画形象。这是因为学生在考入美术院校前，都受过素描训练，习惯于用块面造型。考入大学后，油画、版画、雕塑班的同学都可以延用这种方法，按这种造型理念深入学习和发展的只有国画班的同学，在学习造型难度较大的人物画时，要用工笔勾线，丢掉块面，把面部结构抽象为几根连贯、粗细均匀、强调装饰性、不易过多皴擦的线条，转了180度大弯，实在无从下手。

二、先写后工的优点

在学习工笔人物画之前，完全可以先学习既用线，又可兼顾有块面结构的写意人物画，即先写后工。

蒋兆和先生是我国现代卓越的人物画大师，在徐悲鸿先生的影响下，他在传统中国画的基础上融合西画之长，创造性地拓展了中国写意人物画的技巧。他有过硬的造型能力和深厚娴熟的笔墨基本功，在人物画创作中得心应手，游刃有余。他创造了中国画造型基础课和水墨人物画教学体系，直接培养或影响了一大批卓有成绩的人物画家。在蒋兆和先生的早期写生作品中，我们不难看到众多的皴、擦、点、染的笔迹，把人物的脸部及其他方面的结构交待得清清楚楚。他后期的作品其墨韵笔致精湛到无以复加又无以删减，或潇洒，或厚重，或飘逸，如此运用自如的笔墨绝非短期练习者所能企及的，这是长期实践并善于总结、反思才能达到的。

当前美术院校的国画教师很多都注重将西方造型技法和国画传统的勾勒、皴擦、水墨渲染揉合在一起，要求学生造型严谨，形象刻画精当、逼真。学生学习国画人物，如果一开始能先学写意，用写意的笔法、线条勾勒人物五官、四肢、衣纹等，效果会更好。因为意笔线条可断、可续、可转、可折、可粗、可细，比工笔线条宽容松动。由于是初学，线描表现力难以精准、充分，对不足之处，可以借助皴擦和渲染，亦可以画块面结构，尽量把写生感受充分表达。这样的画法与素描更靠近，学生容易理解、掌握、接受。随着学习的深入，技法的进步，线描表现力的提高，可以用线独立刻画人物而无须过多依赖皴擦这根"拐杖"，再逐步让线描粗细均匀、连贯即可进入工笔人物学习阶段。如果学习人物画时能先学习写意人物画，可使学生先具备人物造型能力和充分了解人物肌肉组织关系，同时可避免紧张练习中出现"呆"的现象，保留住学生的轻松和自然，为今后走出校园更深入的研究提供条件。

三、书法与壁画艺术中的先写后工

宋代郭熙说："书，画之流也。"意思是说，中国的文字首先是画出来的，可以说先有了画才有象形文字。可谓是由繁到简，逐步完善。

中国书法和绘画同为线条艺术。如果把楷书喻为工笔人物画，行书和草书就是写意人物画。虽然苏东坡认为：行书是由楷书发展起来的，草书是由行书发展的。楷书像人的站立，行书像人的行走，草书像人的奔跑。生活中不会有不经过站和行走就能奔跑的人。他这种观点和中国人物画"先工后写"的观点相一致，一直被历代书家、画家所接受，也一直在我国艺术院校教育中形成了一种固有的观念。但是从书法的发展史来看，任何一种普遍被人们接受的书体都是逐渐形成的，其书写技巧都是逐步完备的。从篆书中的《散氏盘》到《峰山刻》，从隶书中的《五凤刻石》到《曹全碑》，从魏晋楷书到唐楷，都是从法度不够完备、结构不够标准的书体发展到法度完备、结构标准的书体（"楷书"）的。从这个发展规律来看，应该是"行生楷"而不是"楷生行"。可见，任何一种技艺，总是先无法度，后面渐渐产生法度，最后达到高峰。汉字书体发展到"楷体"，就好比学习写意人物逐步过渡到工笔人物画，是艺术达到了最高境界，这是长期修炼，演变的结果。

在东汉墓室壁画中，我们看到了行草笔画作画的痕迹。我们从《鸿门宴》、《门吏图》上可以看到绘画的一种"急速"感。从魏晋时期嘉峪关墓室壁画的《驿站》、《进食》等画面来看，这一时期的线描与书法的行草用笔方法是一致的。画面线条追求变化，运笔讲究提按，行笔自如，运动感极强，极具书法行草的意味。这就说明早期人物画的许多作品是极具写意味的。

四、结语

学习任何技艺，都不可能在入门时全面充分的掌握，只有先易后难、突破一点、逐步推进才能事半功倍。教学更应该遵循先易后难、循序渐进的原则。国画人物教学应先从用笔宽容度较大、松动灵活、可皴擦、可画块面结构的写意人物开始，学生的素描功底可得到充分借鉴和发挥。待有一定基础后，再学习更精细、严谨的工笔人物。这样循序渐进、由浅入深、由易到难地学习和领悟，其效果定当更佳。

参考文献

[1] 陈传席：《中国绘画美学史》，人民美术出版社，2002年版。
[2] 伍蠡甫：《中国画论研究》，北京大学出版社，1983年版。
[3] 李直：《中国绘画技法——线的艺术》，江苏美术出版社，1991年版。
[4] 刘国辉：《水墨人物画探》，浙江美术学院出版社，1991年版。
[5] 冯远：《水墨人物画教程》，天津人民美术出版社，1996年版。

高中数学试卷讲评课的有效性的研究

上海市崇明县堡镇中学　李会云

摘要　试卷讲评课是数学教学中的一个重要环节，高效的讲评课有利于学生查漏补缺。本文对高中数学试卷讲评课的现状进行了分析，针对这些现象从课前、课中、课后三个阶段提出了改善的策略。指出教师要认真准备，及时讲解，详略得当，师生互动，课后反思，从而提高授课效率。

关键词　高中数学　试卷　讲评课　有效性

数学测试是检测数学教学的重要手段，是教师评价学生对知识点掌握程度的方式。测试的必要性和次数频繁的特性，也就凸显了测试之后试卷讲评的重要性。测试只是手段，而在讲评过程中，学生对知识的再一次消化吸收才是目的。试卷讲评的效果直接决定了学生对已知晓的知识是否能牢固掌握，对有疑惑的知识是否能解惑。在强调素质教育的今天，随着新课程改革的深入开展，在"以学生的发展为本"的理念指导下的数学试卷讲评课不能再是简单的"对答案课"、"就题讲题课"、"成绩排名课"等，而应大力提高课堂授课的效率，提高数学试卷讲评课的有效性，使学生减负不减知识，通过有效的讲评，使得学生能够查漏补缺，开阔思维。

一、高中数学试卷讲评课的教学现状

（一）调查基本内容及结果

为了调查学生对现行的数学试卷讲评方式的满意度，笔者随机地对本校学生进行抽样调查，采用问卷的方式，共设立了9个问题，每个问题设有肯定和否定的备选答案，本次调查一共发放了 52 张学生问卷调查表，回收有效问卷 52 张，其调查结果见表 1。

表 1　数据试卷讲评方式满意度调查表

教师是否能及时地对试卷进行讲评	30	22
学生能否把握考查的重点知识	32	20
讲解课内试卷的知识点是否都讲解完全	22	30
试卷上的题目是否都会解答	35	17
题目对应的知识点是否能举一反三	23	29
试卷讲评课是否重复、单调	28	24
试卷讲评课上是否有师生的互动	25	27
老师是否有宣读标准答案	29	23
你是否喜欢现在的讲评课	21	31

（二）调查的结果分析

通过对以上调查报告结果的分析可以看出，高中数学试卷讲评课的教学现状令人堪忧。主要表现在：

1. 讲解知识点时效性不够

艾宾浩斯记忆曲线告诉人们在学习中的遗忘是有规律的：在学习之后立即开始，而且遗忘的进程并不是匀称的。曲线斜率的递减表明，最初遗忘速度很快，以后逐渐缓慢。

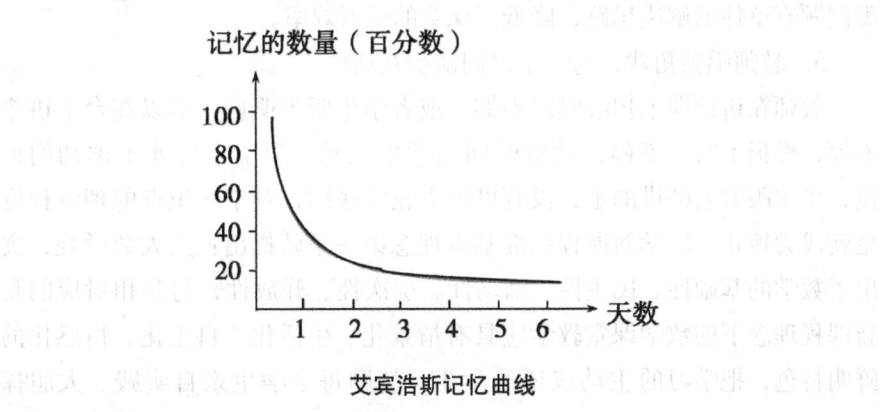

艾宾浩斯记忆曲线

因此，考试后，及时地对试卷进行讲评才能保障课堂的有效性。而且根据心理的需求，考试刚结束时，学生对题目的求知欲最强，所以此时讲评无论是从记忆周期还是心理上来说都是最佳时机。但是因为课程的安排，讲解课与考试课相隔的时间较长，使得经常出现"时过然后学，则勤苦难成"的尴尬局面。

2. 讲解知识点无主次

不同的知识点在课本中的地位不同，在课程标准中的要求不同，测试时的难度也会不同。很多教师在讲解试卷的时候，习惯上是按照试卷的顺序从头讲到尾，逐一讲解，显得很没主次，不分轻重，讲课之前没有对试卷进行全面的分析，知识点也没有系统的建立，讲解之后的试卷总评也没有，因此，容易让学生不知道如何分配时间和精力来把握知识点，搞得最后"眉毛胡子一把抓"。

3. 就题讲题，不注重解题方法的渗透

教学进程和教学课时的限制导致了在较短的时间内很难把题讲细讲清，于是，很多教师在试卷分析时都只是着重讲一下题目的正确答案。而没有进一步延伸到该知识点是什么，其应对的策略和方法是怎样的。这样的教学方式只是"授鱼"，而不是"授渔"。对于学生知识的转移运用没有任何帮助，尤其是数学这样注重举一反三的学科，方法的渗透才是学好数学的关键。

4. 知识点讲解重复，时间安排不合理

大部分教师因为忽略了课前对试卷进行题目的分类和知识点体系结构的建立，因而在讲解试卷的时候容易对相同的知识点重复讲解，这样既浪费课堂的宝贵时间，又会使课堂显得枯燥乏味，不能帮助学生形成对同一类问题有整体的解决思路，降低了课堂的学习效率。

5. 教师唱独角戏，与学生之间缺少互动

教师在讲评课上担心时间不够，或者学生听不明白，所以在台上讲个不停，黑板上写个不停，没有时间与学生互动。学生一直处于被动的地位，思维跟着老师讲的走，没有思维火花的碰撞，对于知识点的理解程度也就浅尝辄止。数学新课程标准基本理念第一条就提出：人人数学观，突出了数学的基础性、民主性、活动性、层次性、开放性，与其相对应的是新课程理念下的数学课堂教学应具有情景化、生活化、自主化、情感化的鲜明特色，把学习的主动权还给学生，鼓励每个学生亲自实践、大胆探索，积极地参与到教学活动中来，努力实现自主发展。

6. 对于不同的解题方法分析不够

数学这个学科的特点是，解题答案是唯一的，但解题方法多样。一题多解的特点使得教师只按照标准答案进行讲评的方式显得苍白。教师中间仍然存在着宣读答案的讲评方式，对于答案的由来不加解析，就更加不会对多种解题方法深入探究了。做学问是入之愈深，其进愈难，而其见愈奇，在针对知识点这般的蜻蜓点水式学习，很大程度上影响了学习效果的提升，学生也感受不到学习数学的乐趣，严重挫伤了学生学习的积极性。

二、提高高中数学试卷讲评课的有效性

（一）课前准备是前提

1. 教师的课前准备

（1）试卷内容的分析

教师在讲解试卷之前首先自己要把试卷认真做一遍，分析题目考查的知识点是什么，在教材中处于什么样的重要地位，构建试卷所考查的知识点的结构体系。这是一个很有必要做的整体的回顾工作，有利于帮助学生把零散的知识点汇编成知识网络，将有关的知识点系统的掌握，使得学生学习数学更得心应手，从实质上为学生减少了学习的负担。

（2）学生答题情况分析

首先，看学生的答题是否规范。这里的规范是指逻辑的规范、表述的规范、书写的规范等。让学生养成规范答题的好习惯，做到考场可以得分的一分不失。其次，在微观上统计每题的正确率，找出学生整体上易错的题型，这是确定讲评课上重点讲解知识点的主要途径。待讲知识点一旦确定，就要根据教材和大纲的要求，对知识点的内容、基本技能和基本思想进行剖析，加强做题训练，力求把知识点学透，将易错率降到最低。在宏观上，也要统计出班集体成绩的分布，并有针对性地与以往的成绩和平行班级的成绩进行对比，观察该班级的学习情况，好设计以后的教案来控制课程教学进度和教学的有效性。

2. 学生的课前准备

教师在讲评课之前将试卷早些发给学生，这样有利于学生在课前做一

些准备，提高学生自主学习的积极性。学生的求知欲会驱使他们去对错了的题目进行再次解答，可以通过课本，作业，或者参考资料找出考题的思路，也可以有组织地与其他同学探讨题目，这样既锻炼了学生个体的探究能力，又培养了团体的协作精神，还可以对试卷中部分错误题目自行纠正，可以将多出的课堂讲解时间用于讲解其余重要的知识点，提高课堂效率。

（二）试卷讲评的原则

1. 时效性

考试结束后经常会出现这样的场景，学生会三五成群的在一起对答案，有的会捧着教科书寻找考点，有的会跟同学在一旁演算，甚至还有的会互相争论。这些都说明考后学生对答案的探求欲是最强的。教师应该抓住这个时机，趁着学生对题目的印象最深刻，对学习知识最为渴望的时候，讲评试卷，其收效最佳。因此，教师应该在第一时间就将试卷批阅分析好，及时讲评，及时解惑，做到事半功倍。

2. 针对性

一份好的测试卷会基本涵盖考察内容的整个知识体系，试卷的排版和题型的考察深度也会根据教学基本要求来设定。不同的题目，考察的难易不同，相应测试的知识点的重要程度不同，这些都是教师讲评试卷时应该注重的，面面俱到在一节课里是不可能做到的，详略得当才是要把握的原则。其中可以根据以下两点来确定哪些题目该详讲，哪些题目可以点到为止：一是参考课前试卷分析的统计结果，那些错误率高的、易失分的、难度系数大的题目就是着重要讲评的。讲评时应注重追溯学生出错的根源，并针对性地传授解题技巧和应对策略，让学生对类似的题目做到心中有数，游刃有余。二是根据教材的要求，来确定讲课重点。也许在该次测试中这类重点知识的错误率不高，该套试卷的出题较容易，但是我们不能因此轻敌，仍然要针对重点内容进行系统的、详细的讲解。还可以对这类题目稍加改动，或是难度加深，或是一题多解，其考察的效果肯定会与测试结果大相径庭，这种方式也可以提高学生对这类知识的重视度。

3. 拓展性

就题讲题，最终解决的只是一道题，对于茫茫题海，这个只是做无用功。"借题发挥"这个是教师通过以点带面的关键举措。在讲评过程中，引导学生思考从考点的一个知识出发，思索知识点间纵横交错的关系，按照相互的联系将知识点网络化、结构化和系统化,有助于学生完整全面地理解和掌握知识的内在联系,更好地运用知识。引导方法有三:①一题多变,在原题的基础上,对题目的假设条件层层递进地进行变换,题目难度逐渐加深,对不同水平的同学都能得到锻炼,解题能力得到提升,达到举一反三的效果。②一题多解,从不同的角度思考探究问题的解答,在正确认识的基础上发展求异思维,在共性中寻求个性。这要求教师除了给出常规的解题方法之外,还要给与一些其他的解题技巧的指导,这些解题技巧虽不如常规的通用,但是有其自身的特点,简洁,巧妙,创新。巧用解题技巧是一种艺术,学生可以从中领略数学的无穷魅力。③多题一解,同一道题目有许多可能涉及的知识,同一个知识也可以衍生出很多题目,如果教师就题讲题,孤立讲解,不仅浪费时间,更重要的是学生不能触类旁通。教师应该引导学生透过现象看本质,从形式中把握内容,找到做题的规律,从实质上理解题目,将知识点融会贯通。例如:

考题:求满足下列条件的双曲线的标准方程:焦点F_1(-3,0)、F_2(3,0),且$2a=4$;

变题1:双曲线$\frac{x^2}{4}-\frac{y^2}{5}=1$,焦点$F_1$(-c,0)、$F_2$(c,0),$M$是双曲线上在第一象限的点,求直角三角形$MF_1F_2$的面积,并求此时$M$点的坐标。

变题2:双曲线$\frac{x^2}{4}-\frac{y^2}{5}=1$,焦点$F_1$(-c,0)、$F_2$(c,0),$M$是双曲线上在第一象限的点,$O$为原点,已知直线$OM$切双曲线于$M$点,求三角形$MF_1F_2$的面积,并求此时$M$点的坐标。

变题3:已知点N为椭圆$\frac{x^2}{9}+\frac{y^2}{4}=1$上在第一象限的动点,$M$是双曲线$\frac{x^2}{4}-\frac{y^2}{5}=1$上在第一象限的动点,$O$为原点,求三角形$MNO$面积的最大值,并求此时$M$和$N$点的坐标。

以上几个题目都是用参数方程求解,题目难度是层层递进,变题3中还涉及了最值问题,考查参数方程求最值需把三角函数和解析几何结合起来,从而,学生综合知识的运用能力得到巩固。

(三)试卷讲评的方式——师生互动

前面提到，现行的教学方式中，教师从头到尾都是自己在唱独角戏。新课程标准中将教学理解为一种交往。既然是交往，就不能缺少互动。教师在讲评课上应该给予学生充足的时间和空间来让他们表达自己的思想，即使思维不够成熟或者有些错误，但是思想碰撞的火花会加速学生思维的形成，让学生学有所得。信息的传递和交流是讲评中必不可少的环节，引导学生积极主动地参与讲评课，提出课前准备的问题，师生一起进行探讨，可以从思维上开发学生的解题思路，效果是立竿见影的。有研究人员在调研的班级上采用了"师生换位"的操作模式来上讲评课。"师生换位"是让学生在模拟教师备课的过程中掌握教材内容，同时又掌握一种新的学习方法。实验结果表明，参与"师生换位"讲课的学生，在自主学习能力、对数学的兴趣、表达能力和学习思维创新等方面都有明显的提高。

（四）课后的反思与巩固

课后教师要反思是否达到了课堂教学的目的，学生对于知识的掌握是否达到了教学要求，课堂的讲解过程中重点是否突出，学生是否理解，在与学生进行信息互换时，他们的疑惑是否得到解决，针对他们知识点的薄弱部分来计划之后的教学。学生则需对试卷的答题做自我剖析，分析做错题目的原因，可以从考试心态、做题娴熟程度、解题技巧、细心程度等方面寻找原因。认真对待，吃一堑长一智，做到今后不再犯同样的错误。要求学生针对自己做错的题目多加练习，对于学生暴露出来的问题，可配备相应的习题作为作业，让知识点得到巩固。

参考文献

［1］任银玲：《高中数学试卷讲评的师生换位》，山东师范大学，2010年。

［2］王福英：《数学复习中试卷讲评课的探究》，《中国教育教学》，2009年第5期。

［3］数学课程标准研制组：《数学课程标准解读》，北京师范大学出版社，2002年版。

对外汉语教学研究

现代汉语中的日本外来语研究

东华理工大学外国语学院　白玉兰

摘要　外来语也是汉语中必不可少的一部分，而日语外来词是这中间最为重要的一部分，它丰富了汉民族的文化，为人们带来了各种新的概念。本文就外来语这一现象，分析了其成因，探讨了日语对于汉语的影响。

关键词　日本　外来语　汉语

汉民族自古以来就有兼容并包的民族特色，汉民族不断地吸收并加以创新各个民族的文化特色，成为新的汉民族特点。外来语也是如此。中国在接触世界不同的文化时，必然会产生新的语言。这些新的语言完全是一种从无到有的过程，是对不同文化的吸收，具有新的形式。中国在同外国交流的这一过程之中，引入了大量的保有自己文化特色的外来语。

一

汉语引用外来语已有一个很长的时期，可以追溯到先秦上古时代。随着时间的推移与交流的加深，这些外来词汇的数量与使用形式越来越多。但是真正意义上外来语的大量引入是从近现代以后开始。现在人们普遍了解的是，中国的传统文化，如汉字等影响了周边其他国家，但鲜有人了解，日本对于中国近现代词汇用语的影响。从日本传来的外来语，我们一般称为借用形式的外来语，借用与中国语有同样语源的日语里的汉字，来表示音或意，包括"外来语"这一词，也是借用日语"外来語がいらいご"而来。

鸦片战争之后，中国开始输入日本的和制汉字，包括以日本哲学、社会学、自然科学等相关方面的专有词汇为中心，许多的和制汉字进入中国。在借用形式的外来语中，以借用明治时期（公元 1868 年—1911 年）的表意和制汉字最为多。比如"～学"、"～论"、"～主义"、"～教"、"～学派"、"～力"、"～说"、"～法"、"～性"、"～党"、"～的"、"～式"等结尾词的和制汉字最为多。

大规模日本外来语进入中国是从甲午战争之后开始，一些爱国志士为了振兴中华，"师夷长技以制夷"，发起了向日本学习的浪潮，大量翻译引进日本书籍，诸如"社会""经济""文学"等词汇都是那时候从日本流传到中国来的。其中最有名的例子当属"民主"和"科学"两词，这两个词汇在英语里分别是"democracy"和"science"，当初进入中国时被翻译为"德先生"和"赛先生"，之后才被日本翻译过来的"民主"和"科学"所代替。

这其中引用的和制外来语，也有一些意义发生了变化。例如，"会计"这一词，在日语里"会计"指的是付款、结账之意，但演变到中文里变成担任出纳工作的人员之意。改革开放以来，中日之间的经济文化交流越发的频繁，我们生活的各个方面也充斥着日语演变的外来语。现在我们经常会在日常生活中使用到日语词汇，这些词汇并非时下年轻人才知道，已经渗透到了日常生活中，例如"不景气"、"便利店"、"人气"、"写真"、"充电"、"便当"、"料理"、"茶道"等，这些词汇随着日本书籍、电影和电视剧等一起来到了中国。

现在是网络时代，人们平时上网，也会时不时地看到一些流行词汇，诸如"萝莉"、"给力"、"御饭团"、"汗"等也是从日本直接借鉴过来的词汇，被现在的年轻人接受并使用。

其实，在中国的古代文献中很多的和制汉字都出现过，但是经过日本文化的渗透，这些古代的汉字被赋予了新的含义，演变到现在，又重新回到了中国，并被大家所使用。语言里包含着各种各样民族文化的内容。反之来说，通过语言的表达，我们能够获得不同的民族文化的内容。近现代以来，我们通过大量地引用欧美和日本的外来语不仅起到了丰富自身民族文化的作用，也使得中国融入到了世界之中。

二

汉语的外来语，从词源的意思出发可以分为音译、意译以及音意译相结合。以下表格是音译、意译、日语及外国语四种语言的对比：

（一）音译类

首先是从英语系语言中产生的外来语，最初进入中国都是直接音译，确定意义后再最终改为意译。

音译	意译	日语	外国语
苏维埃	工农政权	ソビエト	COBET
德莫克拉西	民主	デモクラシー	Democracy
赛因斯	科学	科学	Science
布尔乔亚	资产阶级	ブルジョアジー	Bourgeois
普罗列塔利亚	无产阶级	プロレタリア	Proletariat

接下来的表格，一开始先是音译，但由于音译不能完整地表达词汇的意义，所以在后面加入结尾词，成为新的外来语的固有词汇。

音译	意译	日语	外国语
吉普	吉普+车	ジープ	Jeep
纳米	纳米+科技	ナメ技術	Nano-technology
艾滋	艾滋+病	エイズ	Aids
桑拿	桑拿+浴	サウナ	Sauna

可是，也有少数从最初开始就是音译，也没有被时代所淘汰的词汇。音译来的外来语，主要集中在人名、地名、企业名、化学元素、体育、度

现代汉语中的日本外来语研究　　**087**

量衡等专有名词上。

音译	日语	外国语
可口可乐	コカコーラ	Cocacola
迪斯科	ディスコ	Disco
麦克风	マイク	Microphone
罗马	ローマ	Roma

也有根据汉民族的文化和社会习惯而翻译的外来语，比如女性化妆品"雅诗兰黛"（Estee Lauder）等，为了体现产品的女性特点，特别加入了雅、兰等符合女性纤细感性特点的汉字。

（二）意译类

接下来的是，一开始是意译，但随着时代的发展，发现意译的不足，随后改为音译的词汇。

音译	意译	日语	外国语
公共汽车	巴士	バス	Bus
出租汽车	的士	タクシー	Taxi
超短裙	迷你裙	ミニスカート	Miniskirt

也有一开始就意译的词汇。意译的词汇是为了表达新事物或新概念的内容而创造出来的新词汇。和一般的音译不同，完全和发音无关，是为了完整的表达新词的意义。

音译	日语	外国语
千年虫	2000年問題	Millenniumbug
银行	銀行	Bank
电视	テレビ	Television
随身听	ウォークマン	Walkman
浏览器	ブラウザ	Browser

三

我们对于外来语，现在已经达到了不可分离的程度，可以说，没有外来语，就没有现代的生活。但是，对于外来语，我们不是无差别的接受，一个外来语是由这个外来语的使用者和其周围的人的取舍所决定的。一个外来语的选择，是由特定方法所形成。

（一）为了更快捷地获得信息

现代社会，特别是经济全球化的快速发展，受惠于外来语的发展，我们才可以不断地扩大及普及消息。在科技日新月异、文化瞬息万变的今天，为了更早地获得最新的消息，产生更多的外来语是绝对有必要的。各种各样的专门用语，基于近代科技的产品名就是其中的典型。在这样的时代背景下，特别要使用外来语的原因就是：对应于今日的词汇非常缺乏，所以不得不用外来语补足。随之出现了大量用汉字表示的，解释外来事物及概念的外来语。

（二）为了增加气氛而使用

与专门用语所不同，在日常生活中，我们可以使用一般的汉语来解释事物，但是有的时候却使用外来语。这时使用外来语的理由，只是因为使用外来语会显得更加时髦。例如"精品屋"，"屋"这一次原是日语用词"屋「や」"，中国把原来的"店"替换成了"屋"。还有，原来是意译的外来语，也同时具有为了增加气氛而使用的音译。例如音译而来的"伊妹儿（E-mail）"，让人联想到可爱的妹妹的形象，不过我们也常使用"电子邮件"这一意译的名词。

（三）为了审美观的要求

虽然在中国很长时间内都在不断地吸收外来文化，但对中国文化起到主体支配地位的依然是孔孟儒学的思想。外来语也不例外，一样受到了儒学思想的熏陶。例如，法国产香水 Poison，这个名字在中国语中是毒药的意思，这种大胆的西洋美学的名称无疑不符合保守的东方文化。基于这样，所以把"毒药"换做了音译词汇"百爱神"。

（四）为了追求新奇事物和流行事物

新词和流行语产生的一个原因在于，人们已经用腻了现有的词汇，为了追求现有词汇的新奇性。这些词汇特别表现在广告或电视上，例如"粉丝"这一词汇就是英语"fan"音译而来，"粉丝"受到了喜爱标新立异的年轻人群的欢迎，渐渐在全中国推广开来。以上就是形成外来语的诸多来源。外来语在汉语化的过程中，受到原有文化的制约，在外来语的使用上，也与历史传统文化相连结，改变着人们的价值观与生活方式。

四

　　日本外来语现在已充斥着我们的生活，影响着我们生活的各个方面。伴随着中国改革开放的深入发展，外资政策的实施，大量的外来语流入。

　　首先渗透进来的就是饮食文化，如"寿司"（すし）、"天妇罗"（てんぷら）、"关东煮"（おでん）、"铜锣烧"（どら焼き）等和生活息息相关的外来语不断出现。此外，流行服饰产业也开始大量使用外来语，之后交通产业也加入进来，如"磁悬浮列车"（Maglev）、"新干线"（新幹線）等，都在不断激增。

　　随着经济的不断发展，生活水平的不断提高，人们开始不再满足于单纯的物质享受，开始追求精神层面的满足。这时，关于音乐、体育、娱乐等方面的外来语也不断进入，例如"卡拉ok"（カラオケ）、"自动贩卖机"（自動販売機）、"索尼"（ソニー）等外来词汇不断地受到关注。如果要列举精神层面的外来语，"哆啦A梦"可以算是个有趣的例子，在日本"哆啦A梦"被写作"ドラえもん"，在中国刚刚引入"哆啦A梦"漫画时，是由上海儿童文学出版社所翻译的，当初为了翻译漫画的名称费了很大的功夫。因为漫画中的猫型机器人喜欢吃铜锣烧（ドラ焼き），"ドラ"在中国语里的读音又很像"特拉"，所以出版社就在"特拉"后加上了一个非常日本风味的名字"卫门"（衛門），而"卫门"就是取自"えもん"的谐音。所以，日本的"ドラえもん"就翻译为了中国的"特拉卫门"。由于"特拉卫门"这一名字过于生涩，辽宁出版社就引入了台湾版的翻译"机器猫"，这才使"哆啦A梦"凭借"机器猫"简洁易懂的名字在中国家喻户晓。这也说明了相比较于直接的音译，人们更加接受有具体含义的意译词汇。

　　现代人的价值观的变化也可以从新兴的外来语这一方面了解。随着改革开放的深入展开，不断地涌入新事物和新概念，外来语也在不断地增加，从而不断地促进了中国与外国文化的交流，也开辟了一条中国文化与国外文化相互融合、一起发展的道路。在与世界各国的冲突与融合之中，必然伴随着语言的交流，这样便会导致不同语言系统之间的流动。语言具有巨大的生命力，在流动的过程之中，不可能再保有其纯粹的原始样貌。为什么要吸收外来语，因为原有的语言系统已不能与现在的社会发展相适应，如果不能制造出新的词汇，那就会意味着这一语言或这一文化将会消亡。

然而，"外来语"这一词汇虽然引自日语，但汉语中的外来语和日语中的外来语还是有很大的差别。日语中的外来语几乎都是直接音译，因为日语中有独特的片假名系统，可以直接翻译外国的专有词汇，这些外来语没有意义，只保留了最原始的读音。而中国和日本不同，中国引入的外来语有音译、意译以及音意译相结合的形式，这不仅可以保留原有词汇的读音，也可以为它赋予意义，使外来语更加容易理解和交流。从这一点看来，汉语的博大精深是不容置疑的。虽然外来语有很多方便之处，但我们也不能忽略其消极的一面。越来越多外来语的涌入，不断地冲击着现有的汉语体系，很多缩写的外来语不断地出现在媒体报章杂志上，这些外来语一定程度上给人们带来了理解的不便。更严重的是，破坏了原有的汉语系统。所以，如何正确使用外来语，对于每一个中国人来说，也是一个不可忽视的难题。

对外汉语生字教学研究

东华理工大学文法学院　李惠惠

摘要　随着对外汉语教学的普及，愈来愈多的人意识到汉字教学的重要性。本文试从对外汉字教学的现状、问题和对应的解决措施即笔画教学、开设独立汉字课以及利用汉字形音义的联系这几个方面，试对对外汉字教学作一点浅显分析。

关键词　对外汉字教学　笔画教学　汉字课　形音义的联系

一、当前对外汉语教学中生字教学的现状及存在的主要问题

（一）对外汉语教学中汉字教学的现状

对外汉语教学可追溯到二十世纪五十年代，对外汉字教学的发展是从二十世纪九十年代中期开始的，但在教学过程中还是存在很多亟待解决的问题，还缺乏理论体系的分析。

（二）对外汉语教学中生字教学存在的问题

1．汉字难以书写

对于习惯了书写拼音文字的学生，首先，他们很难把握汉字内在的结构规律，初学者在书写汉字时甚至不知从何下手。如果不知道书写汉字的笔画顺序，能写完一个复杂的汉字是很困难的。其次，汉字是一笔一画，由点、直笔、弯笔构成，并没有像拼音文字中的圆弧。在书写过程中也和拼音文字的线性连写顺序不同。

2. 形旁、声旁联系不紧密

外国学生很难区分形似字，最大的原因是不能很好地理解它们不同的意义。而对于"汉字文化圈"（包括日本、朝鲜、韩国、东亚及东南亚部分地区）的学生而言，形旁、声旁联系不紧密让他们难以记住汉字的字音和意义。字音字义的模糊记忆，很容易和自己的母语混淆，从而产生负迁移。

3. 音、义、形内在联系少

外国学生学习汉字很难见形知义辨音，对他们来说掌握汉字音义形的内在联系很困难。这就要求在汉字教学方面不仅仅是简单的认读汉字，还要让他们懂得汉字在形音义之间的联系。

通过调查发现，在同一个班里，有的欧美学生发音很标准，而大部分"汉字文化圈"的学生在发音方面受到母语的干扰，从而影响学生对汉字发音的掌握。如"机"在日语中代表"桌子、饭桌"，可在现代汉语中"机"字却不是。

4. 日常交际难以运用

外国学生没有汉语语言环境，学习的重点包括书面语和口语。当学生存在缺乏一定的词汇量、不能准确掌握词义、不懂得词语先后顺序等问题时，就不能用汉语正常交流。中国人听老外讲汉语觉得很怪，虽然能理解意思，但会出现很多错误。例如，一位美国学生说："在星期一，我去上海。""我来中国，9月28日。"

二、探究对外汉字教学中问题存在的主要原因

（一）未充分考虑汉字自身特点

汉字的特点有以下几个方面：

1. 汉字集形音义于一体

汉字是兼表音又从属于表意文字的语素音节文字，外国学习者在处理汉字时的大脑活动机制也不同于表音文字。因此，汉字的这一特点决定了大脑对汉字的认知机制要比表音文字复杂得多。

2. 汉字结构复杂、见形知音难度大

苏培成曾经说过："汉字字数繁多，结构复杂，缺少完备的表音系

统。"虽然形声字占汉字数目 80% 以上，但汉字的声旁却不能准确地标示读音，只能框定汉字的语音大致走向。

3．汉字字形结构以部件为主要单位

笔画身为汉字最小构成单位可组成独体字，而部件作为汉子的主要单位与独体字、合体字构成新的合体字。这种多方位的组合有利于学生学习和识记汉字，对于汉字教学有一定的促进作用。

4．同音字、形似字多

同音和形似字字数繁多，在学习和使用时存在困难。如"糖水"、"塘水"和"淌水"这三个词同音而不同意，只有在一定的语言环境中才能准确掌握。有的甚至在特定语境中都会让人误解，外国学习者来学就难上加难。

（二）照搬西方语言教学理论

西方国家的语言基本单位是"word"，讲语法总是以词法为主，句法不受重视，很多句法现象都是放在词法里讲的，他们有丰富的第二语言教学理论和方法。1898 年 9 月我国出版了第一部有系统的汉语语法著作——《马氏文通》。在这本书中词类的解读超过全书的 80% 篇幅，虽然马氏的初衷是"专论句读"，但该书的核心仍然是词类，他是"用词来论句读"。

从二十世纪五十年代以来，全国关于对外汉语教学的教材层出不穷，且版本各异，但始终没能脱离"词本位"的范畴，生硬地套用了西方的教学方法和理论成果，这种方法不符合汉字自身特点和汉语语法特点。

（三）长期以来不重视汉字教学

1．"先语后文"思想的影响

长期以来占主导地位的是：先语后文，即说先学汉语，再学汉字。"口语领先"适用于某些语言的学习，而汉语的学习并不适用。这种理论思想的影响使得汉字教学一直没能引起对外汉语教学工作者的重视，也使汉字教学也只是汉语教学的附属品。

2．不重视读写能力的培养

很多汉语初学者的教材都以日常口语交际为主，在教材设计方面优先考虑的是汉语言的实际交流需要功能，汉字教学所占的比重不大。在教学中即使涉及汉字教学这一方面，重点也是在字音、字形等的纠错上。这种教学模式让学生产生对汉字学习的畏惧心理。对认读汉字、书写汉字能力的要求不高，使学生产生这样的错误认识，在阅读汉语作品时，只要会拼拼音就行，汉字学习不重要。

现行的汉语水平测试对于汉字书写能力的要求较低，虽然对对外汉语教学有推动作用，但却未能使外国学生汉语水平得到全面提高。在教学中，对外汉语教学工作者也只是单纯教汉字，目的是为教书面语服务。汉字教学并没得到重视，使外国学生在汉字的认读和书写方面存在着一些问题，这些问题会在一定程度上影响到综合课、阅读课等其他课程的教学。

三、新时期对外汉字教学方法的实践应用

（一）单独开设汉字课，加强汉字教学力度

1. 利用汉字教材，更易学习生字

零起点的学习者经过一段时间的学习，常常会出现知义不知形的情况。在这种情况下，老师们就要加大对汉字的教学力度，注重汉字基本功的训练，为以后的汉字、汉语学习打下坚实基础，为更高阶段的汉语学习奠定基石。

2. 利用随文识字，加以巩固生字

什么是"随文识字"呢？简单地说就是跟随上下文去学习生字，汉字的学习完全依赖于每一课中出现的生字。这种教学方法对于外国学生把握汉字的规律及识记生字具有一定的难度，长此以往教学效果也会受到影响。

所以在教学中应利用一两节汉语课来单独巩固之前学过的生字。

我们可以通过如下方法来巩固：

（1）教师引导。首先让学生自主回忆生字，然后老师帮助学生将遗漏的生字加以补充，引导学生找规律，把相同偏旁或是形体相似的字放在一组进行讲解分析。老师也可通过形音义的联系、以字带词的形式学习该字的用法等内在规律来加以巩固。这样学生所学的汉字联系会越来越紧密。

（2）小组学习。老师可采取小组学习的形式来巩固生字。小组成员之间会相互竞赛、交流识记心得，自然学习效果也更佳。

（二）对外汉字教学方法运用

1. 合理运用笔画教学，解决汉字难写问题

笔画教学法最大的优点在于结合了中国书法。历经几千年的汉字，横竖撇折点的艺术化充分体现了书法的飘逸，使汉字看起来具有动感。通过

古代书法的展现，让初学者感受到汉字的精神和美感，运用形象、直观、生动的笔画教学法能使学生接受汉字，并能简单明了地识记汉字。

笔画教学的具体做法：

（1）循序渐进，先教基本笔画，再教组合笔画

面对初学阶段的学生，选取笔画少的常用汉字。板书、卡片认读或是多媒体教学展示时，用醒目的颜色将所学的汉字笔画标注出来，引起学生注意。

（2）注重对形近笔画的讲解，最大限度降低学生汉字书写错误的几率

汉字中相近笔画有很多，像点和提、点和捺、竖弯钩和斜钩、撇折和撇点等等。以"天"和"无"为例，前三笔都是一样的，只有第四笔不同。"天"的最后一笔是撇，"无"的最后一笔是竖弯钩。可以针对形近汉字间形近笔画的对比，运用笔画讲解提示的方法来吸引学生注意力，让他们找两个字之间不同的笔画，以激发学习兴趣，从而加强对汉字（特别是形似字）的记忆。

（3）强调笔画顺序，解除学生写汉字的困惑

汉字的笔画顺序一般是先横后竖、先撇后捺、从上到下、从左到右、先外后内再封口、先中间后两边。反复强调，循序渐进地引导初学者了解汉字的笔画顺序。

2. 运用部件教学法，简化汉字识记过程

汉字字形教学中最基本的环节，也是最重要的基本环节，就是部件教学。利用部件教学有利于提高学生识记汉字的速度，减轻学生记忆合体字的负担。

在运用部件教学时应注意以下几点：

（1）由简入繁地介绍部件。对于初学汉字的人来说，起步阶段的部件教学应该以简单、常用的为主。实践证明，简单、常用的汉字出现的错误率最低，所以由简入繁的过程符合人们接受新事物的一般规律。

（2）部件选择要具代表性并形成系统性。初级阶段的汉字课，教师要选择有代表性的部件。例如用"立、口、日、十、阝"这五个部件，让学生学习"部、陪、唱、品、古、早、叶、回、章、音、辛"，可以发现这些汉字都是由上面五个部件组成的。据统计，用类似的方法，只需掌握59个基本部件，就可以较简便地掌握《基础汉语课本》、《初级汉语课本》这两套教材中85%的汉字。

（3）发现错误及时分析改正。对于一些相近的，如"日、曰"，"贝、见"，"土、士"部件，学生们很容易混淆。对此，老师要进行分析总结，针对性地对这些易错部件进行讲解，减少错误的发生。

3. 利用汉字形、音、义的联系教学汉字

在现代汉字中，形声字的理据性已逐渐降低，目前对外汉字教学面临的主要问题是如何排除无效规则的干扰，而充分利用形声字的有效教学方法。

（1）形声字的特点

形声字由形符和声符组成。形符的主要作用是表示字的意义范围或类属，声符主要是提供字音的大致走向，起着表音功能。在实际教学中，利用形声字的理据特性来教学生理解汉字，把它分成形旁和声旁，通过理解两者与本字形音义之间的关系，来提高识记汉字的效率。

①形符和字义

形符只表示字的意义范畴，并不能表明字的具体含义。既然表示的是某种意义范畴，那么该范畴可大可小，因而用同一个形符的众多形声字中，它们表示的具体含义是彼此之间有联系的，但这种联系可能是相同、相近、相通的，也有可能是相反的。但事物都是有两方面的，为了让学生能更好地掌握字义，对于相同字符表示相反意义的联系，老师也是很有必要讲解的。

②声符和字音

形声字的声符具有表音功能，如"樟、彰、璋、漳、鄣"这些字的读音都和声符"章"的读音一样。由于语音的发展，声符不能完全准确表音。声符的表音功能并不是很普遍，但有65%的声符可以准确或基本准确地表示读音。当然形声字教学法适用于有一定汉字基础的学生，当他们有一定的汉字量之后自然而然地就会运用形符去辨析字义，用声符去判定读音。

（三）情境教学加强日常口语练习

国外学习汉语的外国学生所缺乏的就是汉语语境。要利用各种手段创设情境，让学生加强汉语口语的练习。

1. 教材编写。初级阶段的汉语教材要向口语教材发展，贴近实际生活，通过所学生字在上下文语境中的具体位置，在实际交流中掌握该生字的用法。

2. 利用现代科技创设情境。在教学过程中，为了使学生对所学生字的应用语境有种直观感，老师可制作一些精美的 PPT、播放一段对话或是直接播放实际生活中的视频；利用 3D 技术，创设多种生活场景。在这过程中学生能很快融入情境，在全新的情境下每位学生的学习积极性就提高了，交流起来会更畅快。

3. 创建汉语角。学习新语言最好的方法就是和以该语言为母语的人在一起多说话多练习，因此，学校的汉语老师可以组办"汉语角"，在固定的时间地点，和学生进行口语交流。汉语角的创办有利于学生自我纠正发音，能使他们的口语听起来更自然、更地道。

四、结语

汉字教学是对外汉语教学中一个重要的环节，它包括了很多字音、字义、字形及各种文化因素之间的联系。对于初学者而言无论从文化、心理习俗、认知汉字习惯等方面都觉得汉字很难学，因此如何用不同的教学方法教授学生高效率地学习汉字，仍然需要广大对外汉语教学工作者的共同努力。

参考文献

［1］周建：《汉字教学理论与方法》，北京大学出版社，2007 年版。
［2］苏培成：《现代汉字学纲要》，北京大学出版社，2001 年版。
［3］胡文华，《汉字与对外汉字教学》，学林出版社，2008 年版。

印度尼西亚汉语初级阶段学生汉字习得偏误分析及教学策略探讨

印度尼西亚东爪哇玛中大学 彭白良

摘要 本文以印度尼西亚东爪哇玛中大学汉语初级阶段学生为研究对象，以学生的家庭作业以及听写的汉字为语言材料，笔者首先对所收集的语言材料中出现的汉字习得偏误现象进行了分类整理，在此基础上分析了出现这些偏误现象的主要原因，进而按照从教笔画到合体字由简到繁的顺序，提出了相应的汉字教学策略以及要注意的问题。希望对对外汉字教学，尤其是印度尼西亚汉字教学有所帮助。

关键字 汉语初级阶段 语言材料 汉字习得偏误现象

在对外汉语教学中，汉字教学既是我们教学中的重点同时也是难点。在对外汉语教学界，汉字教学一直被认为是"瓶颈"问题。对于外国朋友来说，汉字也是他们继续学习汉语的"瓶颈"。尤其是对非汉语文化圈的学生来说，学习汉字更是难上加难。赵金铭先生就指出："对西方人来说，汉语才是真正的外语。其中最困难的是汉字。"[1]但是，汉字是掌握汉语、了解汉文化的基础。它有着古老而又悠久的历史，凝结着中华民族的智慧，承载着中华民族博大精深的文化。一个个汉字就像一幅幅神秘的中国画。与其他拼音文字相比，汉字不但表音，还表意。正因为汉字的与众不同，在我们进行对外汉语教学的过程中，它给我们带来了一系列教学问题，同时也引起了我们不断的思考。

本文拟运用问卷调查、一手材料偏误分析的方法，对印度尼西亚玛中大学汉语初级班学生的汉字习得偏误做一个系统的分析，同时给出了相关的教学建议。

一、汉语初级班汉字书写偏误种类及偏误原因简析

何谓偏误？偏误是指"学习外语的人在使用外语进行交际时，从整体上说，他所使用的形式与所学外语的标准形式之间总有一定的差距，这表现在语言的各个层面上——正字法的、语音的、语法的、词汇的、篇章的、语用的。我们把这种差距叫做'偏误'"[2]。"偏误"与通常我们所说的"错误"不同。"错误"是偶发的，无规律的，而偏误则有规律，并且带有普遍性。笔者在对玛中大学汉语初级班的书写材料进行整理的过程中发现，学生在书写汉字时常出现的偏误主要有以下八种：

（一）笔形错误

几——凡　　家——家　　我——我
手——于　　方——方　　见——见
银——银　　贵——贵

"汉字在形式上是音义结合的平面图形，图形特征是单独的一个个方块，笔画横平竖直（如'田'字），基本走向是由上到下，从左往右，先中间后两边。"[3]而印尼文由字母组成，属于表音文字。其字形是从左到右成单向线性排列，因此对初接触汉字的印尼学生来说，汉字就是一幅抽象的图画，他们在书写过程中大部分学生就只能是照葫芦画瓢，写一个汉字就像在画一幅画。很多时候都会不自觉地受到母语负迁移的影响，将汉字的锋度写成字母文字的弧度，从而出现了以上笔画变形的现象，比如将"方"字的"横折钩"写成了类似于"D"右边的弧线；将"见"字的"竖折钩"写成类似卧着的"C"。当然，学生对笔画的操练程度也是出现这一偏误的原因。

（二）笔际关系错误

汉字不同于字母文字。它由"点""横""竖""撇""捺""提""折""钩"八种基本笔画组成。从而它们之间形成了"相离"、"相接"和"相交"三种笔际关系。初学者在刚学写汉字时，由于对汉字的字感不

强，往往把握不住笔画之间的关系：

南——南　　　在——在　　　手——于
楼——楼　　　那——那　　　别——别

另外，因为在 26 个字母中，几乎找不出相交的现象，因此由于母语的负迁移，对笔画相交往往会写成相接。如上面"楼"字中的部件"女"和"那"字的左边部分。

（三）部件的更换和增减

上文说过，汉字不但表音而且还表意。初学者由于对汉字的某些部件的表意功能把握不够，再加上缺乏足够的记忆，从而在书写汉字的过程中出现了部件的增减和更替现象：

几——木几　　　妈——马　　　谁——佳
起——走　　　　加——加　　　哪——哪
很——亻艮　　　拿——拿

如果学生知道"女"字旁和女性有关，"已"字在"起"字中表音等，部件更换或增减现象就会减少。

（四）结构错误

每一个汉字具有特定的结构。其基本结构包括左右结构，如"伴""好"等；左中右结构，如"树""湘"等；上下结构，如"岸""娄"等；上中下结构，如"冀""意"等；半包围结构，如"边""过"等；全包围结构，如"围""国"等。对汉字结构的把握是一个长期的过程。初学者由于字感不强，对方块字的这一些结构特点把握不够，因此在书写时，往往把握不好汉字的结构，甚至有的学生写出来的汉字，无法给它的结构命名：

照——照　　　后——后　　　起——走己
在——在

印度尼西亚汉语初级阶段学生汉字习得偏误分析及教学策略探讨

（五）结构松散

俗话说"熟能生巧"。再陌生的事情，经过长期的练习，也会变得熟练，从而做到游刃有余。汉字初学者因为练习不够，字感不强，有时候虽然他们能很好地把握住汉字的部件和基本结构，但是写出来的汉字还是不规范，部件不紧凑，经常把一个字写成了两个字或多个部件：

朋——月月　　　做——亻古攵　　　楼——木娄

吗——口马

（六）镜像变位

"镜像变位常常是指把汉字的部件从一个它不常占据的位置移动到其经常占据的位置"[4]。这类错误在左右结构的汉字中发生频率最高，其他结构中也有出现。比如：

很——艮彳　　　欢——又欠

这类错误通常是由于学生对该字的记忆模糊而引起的。

（七）同、近音字错误

因为初级阶段词汇量不大，同音字还不太多，所以同音字错误的现象在初级阶段的学生中还不是很严重。笔者认为，出现这种现象，主要是因为学生对同义字没有理解，只知其音，而未求其意。

学校——学小　　　咖啡——口力口非

（八）形近字错误

汉字中有很多字形状很相似，如"未、末、夫、耒"，"人、八、入"等。这在外国学生学习汉字时又是一大挑战。由于形似难以区别，经常会犯下"张冠李戴"的错误：

大——木　　　夫——耒　　　八——人

二、汉字教学策略

在外国朋友中，不论国籍，认为汉字难学是一个普遍现象。笔者对玛中大学的初级班（120人）进行了一次不记名调查，其中48%的学生认为汉字难学。认为"一般"的54人，约占45%。只有六人认为容易，仅占5%。85%的学生对已经学过的汉字（约150个）只会写一部分。其中还有九人完全不会写，约占8%。可见大部分学生认为汉字难学，对已学的汉字不能很好地掌握；在课堂教学中也发现，部分学生面对四四方方的汉字无从下手，只有以画画的方法完成每一个汉字的书写。

笔者根据学生出现的汉字书写偏误情况，结合玛中大学的教学实际情况，从以下几个方面提出相应的教学策略：

（一）重视笔画教学

汉字笔画是构成汉字的基础，教师首先要帮助初学者建立起笔画观。先教给学生基本的笔画名称，之后要不断强调笔画书写的方法和笔顺。这一步是学习部件、书写汉字的基础。在教学时，我们可以找出字母文字与汉语笔画之间的异同。如基本笔画中的"竖"与大写字母"I"的写法有相似之处；再如"捺""撇"在大写字母"Y"中可以找到相同点。不同的是汉字笔画中有峰度，而这在字母中很难找出，因为字母以弧度为主（尤其是小写字母）。因此，在教学时应该教学生如何变"弧度"为"峰度"。在上文归类的偏误中，学生把"手"的第一笔写成"横"（于），把"方"写成"方"，把"见"写成"见"是学生对汉字笔画中的"弧度"和"峰度"掌握不够而造成的笔形错误。印尼语也是字母文字，因此利用印尼学生的母语文字特点和汉字基本笔画进行对比，发现他们之间的异同，可以化繁为简，同时也为部件的学习打下良好的基础。

（二）凸显独体字的象形会意功能，激发学生兴趣

独体字是指以笔画为直接单位构成的汉字，它是一个不可分割的整体。独体字大多数为一些简单的象形字或者表意字，如"山""日""月""水"等为象形字；"天""上""下""一""二""三""立"等为表意

字。同时独体字也是构成合体字的基础。因此掌握独体字对初学汉字者具有深远的意义，决定着他们合体字学习的好坏。

基于大部分独体字是象形或者表意字，因此在教学过程中我们可以借用"六书"理论对其进行讲解。对于象形字，我们可以进行形象展示进行教学，如：

"口"：👄－廿－口－口；
"门"：門－𩙿－門－门；
"刀"：丿－丿－𠃌－刀－刀

对于表意的字我们可以以故事的形式讲解该字的来历。如"上""下""本"等字的意义来历。

根据对玛中大学初级班学生的调查，90%的学生对象形文字和表意文字非常感兴趣。事实上，外国朋友学习汉字的时候，对这两类文字都情有独钟。甚至有很多外国朋友因为这两类汉字的趣味性，而迷上了汉语。因此，在教独体字的过程中教师一定要凸显出象形文字和表意文字的表意功能，提高学生学习汉字的兴趣，从而增强他们学习汉字的信心。

（三）重视偏旁教学，弱化部件教学，进而为形声字学习提供理据

在讨论偏旁教学之前，先让我们理清"偏旁"的概念。"偏旁"是在传统的文字学理论中谈及到的汉字结构单位。什么是偏旁呢，我们知道，汉字中绝大多数是合体字。偏旁就是构成合体字的基本单位。一个合体字通常由两个或两个以上的偏旁构成。一个偏旁一般是由两画或更多的笔画构成，如构成"对"字的偏旁"又"、"寸"。也有少数偏旁只有一画，如"礼"字右边的部分。"偏旁是对汉字一次切分后得到的结构单位"[5]。

偏旁教学是合体字教学的基础。同时，通过偏旁教学可以使学生找到一些汉字的构字理据，从而使学生不会觉得学习汉字完全无理据可循。

在偏旁教学初期，教师可以通过拆分合体字，进行偏旁教学，从而使学生树立起偏旁意识，了解到独体字可以构成合体字。例如通过拆分，使学生知道，"禾"和"日"可以构成"香"；"禾"和"口"可以构成"和"等等。同时也可以利用偏旁组字的方法巩固偏旁的学习。对于不成字偏旁，教师应尽量对其演变过程展现出来，如：刀——刂；人——亻；

水——氵等，使学生掌握它们的含义。

在学生懂得了偏旁构成合体字以后，教师应该适当引出形声字的"声旁"与"形旁"教学，从而使学生找到学习大部分合体字的理据。打消学生"汉字无理据可循"的想法。

在刚开始介绍"形旁"与"声旁"时，教师应该选择表意功能和表音功能比较强的形声字对学生进行引入。如"油""苹""饺""认""们"等汉字。通过对形声字形旁与声旁的拆分与认识，学生会对其功能和含义有一个大体的了解，这样有利于对汉字的记忆，进而提高学生学习汉字的兴趣。

通过一定量的形声字学习之后，教师应该鼓励学生猜生词的读音与意义，同时在猜测生词读音与意义的过程中，也要教会学生并非所有的形旁和声旁都具有明显的表意和表音功能，甚至由于语言的发展，有的形、声旁完全失去了它们的功能。这可以在学生积累了一定汉字量的时候通过对形声字的分类（根据"声""韵""调"三要素相同与否分类）进行讲解，从而避免"遇字读半边"的笑话。

在近年的对外汉语教学中提出了"部件"这一汉字结构单位。什么是部件？"部件"是相对传统汉字结构中的偏旁和部首而言的。例如："娶"字有上下两个偏旁，但是可以切分为"耳""又""女"三个部件；"语"字有左右两个偏旁，但是可以拆分为三个部件。

目前，很多对外汉语教学工作者重视部件教学。在此，笔者不提倡过多的部件教学。第一，部件把汉字拆得过细，增加了学生的记忆负担。以上文的"娶"字为例。按照部件记忆，学生需要记"耳""又""女"三个部件；而根据偏旁记忆，只需记忆"取"和"女"两个偏旁。第二，忽略了形声字中"形旁"和"声旁"的理据，使学生学习汉字难上加难。比如"娶"字，如果按照部件拆分为三个部分，学生就体会不到偏旁"取"和"女"的表音和表意功能，不利于学习记忆。第三，影响学生对汉字结构的掌握，书写时容易出现结构松散现象。笔者在所教两个班做了一个实验：在教"谢""蕉"时，一个班采取部件讲解法，另一个班采用偏旁讲解法，最后发现采用部件讲解法的班级百分之八十的学生把"谢"写成了三个部件"讠身寸"把"蕉"写成了松散的四个部件"蕉"；在用偏旁解析的班级百分之七十的学生书写标准。书写不标准的学生也只会出现偏旁间较为松散的情况。可见部件讲授也是造成汉字结构书写松散的原因之一。

（四）采用汉字结构简易图，逐步培养学生的汉字结构意识

在外国学生学习了偏旁之后，就开始进入合体字的学习阶段。在合体字的书写过程中，结构的把握也是学生的一大难点。有很多学生虽然有了很好的笔画、偏旁书写基础，但是写出来的汉字还是不规范。这一现象在本文第一部分有案例显示。这显然学生是在汉字结构学习上出了问题。汉字本身的结构理论和书写规则虽然复杂，但也是有规律可循的。

首先教师可以利用已学过的汉字逐步介绍汉字的六种结构及其书写规则（如：从左到右，从上到下，先外后内再封口等等）。同时结合汉字结构简易图形进行直观的汉字结构教学，可以按字画图，也可以由图填字，让学生有意识地对汉字结构进行分解。这样可以使学生在实际汉字材料中掌握汉字的结构特点和书写规律，从而减少汉字书写结构上的错误。

（五）合理设置汉字书写课

目前，玛中大学的汉语课为公共课。一周三次课，每次课为一百分钟。教师主要以综合课的形式授课。没有开设专门的汉字课。课堂上听、说、读、写齐头并进。这一现实情况也是造成学生学不好汉字的原因之一。因此，在教学的过程中，教师可以每周适当设置一节课（100 分钟）的汉字课时间（并非专门花一节课）对学生进行汉字知识的教学，使其系统掌握汉字的书写、发展、大致构成规律等。这样学生有更多的时间巩固汉字书写，也有更多的机会得到老师的现场指导，从而提高汉字书写水平。

三、小结

本文归纳了印尼玛中大学汉语初级班学生出现的九种汉字书写偏误现象，在此基础上，从教与学的角度提出了相应的教学策略。尽管这些教学策略不够完善，但是希望能够给印尼的汉语教学起到参考作用。总之，教学的基本原则是循序渐进、由简单到复杂、由单层面到多层面的。以上所提到的教学策略也并非独立的，而是相互结合相互促进的。汉字是对外汉语教学的重点，同时也是难点，是制约外国朋友提高汉语水平的一大因素。面对这一困难，需要广大对外汉语教学者同心协力，共度难关。

注释

[1] 赵金铭：《对外汉语教学概论》，商务印书馆，2004年版。

[2] 鲁健骥：《偏误分析与对外汉语教学》，《语言文字应用》，1992年第一期。

[3] 鲁健骥：《中介语理论与外国人学习汉语的语音偏误分析》，《语言教学与研究》，1984年第三期。

[4] 肖奚强：《外国学生汉字偏误分析》，《世界汉语教学》，2002年第二期。

[5] 周健：《汉字教学理论与方法》，北京大学出版社，2007年版，第63页。

其他

色彩语在松本清张的初期推理小说中的作用
——以《零的焦点》和《砂器》为中心

梧州学院外语系日语教师　邓静妮

摘要　颜色与人类心理有着密切联系，不同的色彩不仅能让人产生不同的颜色感受，还能产生不同的情绪和心理效应。本文通过对松本清张初期推理小说中色彩语的考察，力图揭示出它们在人物刻画、景物描写和主题表达方面的作用，进而全面评估色彩语在松本清张的推理小说中的价值。

关键词　松本清张　推理小说　色彩语　作用

颜色对于人类心理的作用，早已为心理学界所证实。不同的色彩不仅能让人产生不同的颜色感受，还能产生不同的情绪和心理效应。正因为不同的色彩与人们不同的心理感受相关联，通过对作品色彩语的考察，我们能够非常有效地把握到作者的创作心理，从而加深我们对于作品的理解。

一、《零的焦点》、《砂之器》中色彩语的使用

（一）《零的焦点》中色彩语的使用

不同的色彩语在松本清张的小说中出现的频率是大不一样的。据笔者统计，松本清张的小说《零的焦点》虽然出现了各种颜色类的词，但是这些词出现的次数相差相当悬殊。详细使用情况如下表所示。

表1 《零的焦点》色彩语使用频率对照表

排名	色彩系统		次数	比例	总次数	总比例
1	黒系統	暗い	50	19.76%	96	37.94%
		黒	33	13.04%		
		翳・陰	11	4.35%		
		闇	1	0.40%		
		鉛色	1	0.40%		
2	白系統	白	59	23.32%	59	23.32%
3	赤系統	赤	38	15.02%	55	21.74%
		桃色	8	3.16%		
		血色	4	1.58%		
		紅	2	0.79%		
		臙脂	1	0.40%		
		蘇芳色	1	0.40%		
		朱	1	0.40%		
4	青系統	蒼	10	3.95%	18	7.11%
		青	8	3.16%		
5	灰系統	灰色	7	2.77%	11	4.35%
		鼠色	4	1.58%		
6	黄系統	黄色	4	1.58%	5	1.98%
		クリーム色	1	0.40%		
7	茶系統	茶色	2	0.79%	4	1.58%
		だいだい色	1	0.40%		
		オレンジ	1	0.40%		
8	緑系統	緑色	3	1.19%	3	1.19%
9	金系統	金	2	0.79%	2	0.79%

为了能够更加清晰明了地看到《零的焦点》色彩语的使用频率的差异，根据上表做了下图。

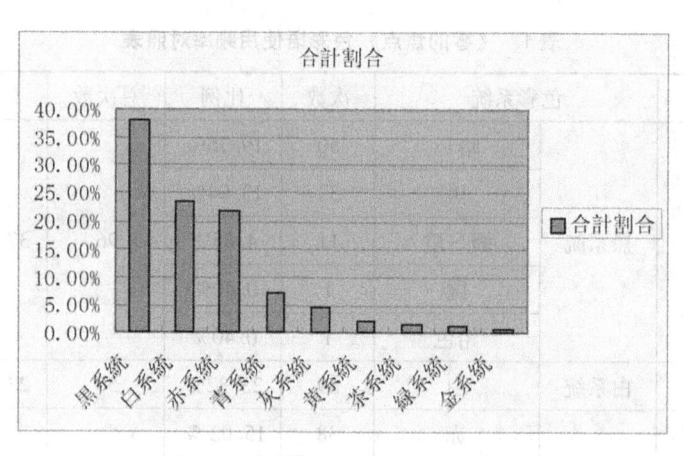

图1 《零的焦点》色彩语总计比例对照图

（二）《砂之器》中色彩语的使用

《砂之器》中同样存在着各种色彩用语，详细使用情况如下表所示：

表2 《砂之器》色彩语使用频率对照表

排名	色彩系统		次数	比例	总次数	总比例
1	黒系統	暗い	75	22.58%	132	38.71%
		黒	40	11.73%		
		陰	12	3.52%		
		闇	5	1.47%		
2	白系統	白	82	24.05%	83	24.34%
		乳色	1	0.29%		
3	赤系統	赤	33	9.68%	52	15.25%
		紅	5	1.47%		
		緋色	4	1.17%		
		血色	4	1.17%		
		桃色	2	0.59%		
		真紅	2	0.59%		
		臙脂	1	0.29%		
		バラ色	1	0.29%		

排名	色彩系统		次数	比例	总次数	总比例
4	青系統	青	28	8.21%	37	10.85%
		蒼	7	2.05%		
		紺	2	0.59%		
5	茶系統	茶褐色	5	1.47%	11	3.23%
		茶色	4	1.17%		
		黄褐色	1	0.29%		
		灰赤褐色	1	0.29%		
6	黄系統	黄色	8	2.35%	9	2.64%
		クリーム色	1	0.29%		
7	灰系統	グレイ	4	1.17%	7	2.05%
		ネズミ色	2	0.59%		
		灰色	1	0.29%		
8	銀系統	銀	5	1.47%	5	1.47%
9	緑系統	緑	2	0.59%	2	0.59%
10	金系統	金	2	0.59%	2	0.59%
11	紫系統	紫	1	0.29%	1	0.29%

为了能够更加简单直观地看到《砂之器》色彩语的使用频率的差异，根据上表做了下图。

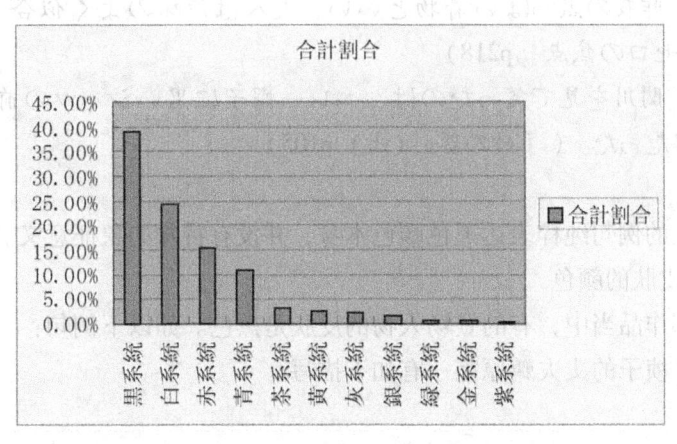

图2 《砂之器》色彩语总计比例对照图

从以上的两个表以及两个图我们可以看到在这两部作品里面黑色系统的色彩语被使用得最多。紧接着依次是白色、红色、蓝色系统的色彩语。松本清张频繁使用这四类色彩系统的色彩语一定有他的用意。这些色彩语在其作品中也一定有着非常重要的作用。

二、《零的焦点》、《砂之器》中色彩语的作用

由于色彩语与人类情绪存在着隐秘的联系，因此文学作品中的色彩语不仅可以表现人物心理、暗示人物命运、渲染环境气氛，还能揭示出作品的思想主旨。可以说色彩语在文学作品中起着非常重要的作用，甚至可以说对于文学作品来讲，色彩语是不可或缺的存在。在《零的焦点》和《砂之器》两部作品里面，色彩语被频繁使用。黑色系统的色彩语使用得最多，所以本文以黑色系统的色彩语为中心，从人物描写、环境描写、主题表现三个方面来研究和探讨色彩语的作用。

（一）人物描写上的作用

1. 衣服的颜色

两部作品里，黑色系统的颜色词用得最多。登场人物的服装经常是黑色的。可以说松本清张是有意向读者传递"黑色"的印象。如以下例句：

（1）黒っぽい着物のよく似合う人だった。(『ゼロの焦点』p215。)

（2）昨夜の黒っぽい着物といい、夫人は渋味のよく似合う人だった。(『ゼロの焦点』p218)

（3）関川を見て笑ったのは、ベレー帽子に黒いシャツの前衛画家、片沢睦郎だった。(『砂の器』（上）p105)

以上的例句纯粹表达黑色颜色本身，并没有特殊的象征意义。

2. 皮肤的颜色

两部作品当中，有的登场人物的皮肤是黑色。如以下例句：

关于祯子的丈夫鹈原宪一有如下描写。

（1）しかし、虚心に見れば、色の浅黒い彼の容貌は、三十六歳以上

でも以下でもない印象であった。(『ゼロの焦点』p217)

在《砂之器》里面，关于登场人物的肌肤有以下描述。

（2）そういえば、色こそ黒いが、立体的な整った顔をしている。それに俳優らしく垢抜けた感じである。(『砂の器』（上）p198)

（3）色は黒いが、目のきれいな、鼻筋の通った、いかにも俳優らしい感じの男だった。(『砂の器』（上）p343)

通过以上例句可以知道，"黑色"是用来表示登场人物的皮肤。

3. 恐惧、不安

《零的焦点》的嫂子在丈夫行踪不明时有如下描写。

玄関に、嫂がすぐに出たが、その顔色が妙に黒いのを禎子は真っ先に見た。「遅くなりました」というと、普段、快活な嫂は笑いもせずに、禎子を奥に入れた。子供が後からついてこようとするのを、彼女は叱った。「禎子さん、困ったことができたわ」嫂は、早速に言った。表情が硬くなっていた。「なんでございますの？」禎子は、どの問うなことでも受けとめる用意を、心でした。「主人がね」と嫂は禎子の顔を見て、いつもとは違う声を出した。「行方が知れなくなったのよ」(『ゼロの焦点』p201)

嫂子原本是活泼的人，在丈夫行踪不明后，不再微笑，表情也变得僵硬，甚至连声音都和往常不同。从这些表现可以看出嫂子是在担心自己的丈夫。而据香川勇、长谷川望在《色彩语事典》[1]中的阐述，黑色是压抑和恐惧的象征。人在恐惧、不安的时候，就会通过黑色来掩饰自己的感情。以上的例句中的黑色就发挥了表现嫂子的不安、担心和恐惧的作用。

同样属于黑色系的「暗い」也起了相同的作用。例如：

それは県下や近県の警察署に照会して、身元不明の変死体の有無を聞く用事だった。禎子は胸が暗くなった。(『ゼロの焦点』p145)

出现了身份不明的尸体，禎子不知道那个尸体是不是自己失踪的丈

夫，对于未确定的事情感到不安。「胸が暗くなった」就表现了祯子的不安和恐惧。

4. 郁闷的心情

《砂之器》当中，今西警察官不管怎么努力寻找也找不到犯人的踪影时有如下描写。

　　妻は押入れから布団を出して、彼の体の上に仕掛けた。疲れて、顔がどす黒くなっている。眠って間もないところを起こされた。「もう、十時ですよ」妻はきのどくそうにそばにすわっていた。「沿うか」今西は布団をはねのけて起きた。「眠いでしょ?」「いや、ちょっと眠ったから、ずいぶん助かった」今西は冷たい水で顔を洗った。いくらか気分が晴れ晴々した。(『砂の器』(下) p368)

　　今西警察官为了寻找犯人的下落辗转于大阪和京都，但是每次都是以失败而告终。可以说是身心疲惫。脸上表情是人心理活动的标志。这次的努力又是毫无成果，今西警察官心情烦躁。「顔がどす黒くなっている」就表现了他疲劳烦躁的心情。

　　同属于黑色系统的「暗い」也发挥同样的作用。例如，在关川重雄被住在惠美子旁边的学生的朋友看到之后有如下描写。

　　恵美子は、関川の憂鬱な表情をしばらく見ていたが、「平気よ」と、慰めるように笑いかけた。「あなたがそう思ってるだけだわ。あんがい、先方はあなたの顔なんか見てやしないわ……。ちょっと見たぐらいではわかるはずがないし、また、いつまでも覚えてなんかいる紋ですか。それに廊下の電灯が暗いでしょ。昼間だったら別だけ3ど、大丈夫よ。」関川はまだ暗い顔つきを解かなかった。(『砂の器』(上) p142)

　　关川重雄一直刻意隐藏自己和惠美子的交往。因此也总是在深夜才去惠美子家里。他是最忌讳别人知道他和惠美子的关系。而如今被别人看到，他担心作为评论家的自己会被别人认出来，自己和惠美子在交往的事情就会暴露。这样对其事业就会造成影响。所以他的心情突然变得不好。一般情况下，人在心情不好的时候，脸上的表情总是会暗沉下来，所以该例句中的「暗い」就表现了关川重雄不爽的心情。

除了以上的例句，还有起相同作用的例句。例如：

（1）関川の顔がふと暗くなった。(『砂の器』（上）p138)

（2）彼女は、男の暗い横顔をのぞいて謝った。(『砂の器』（下）p68)

（二）景物描写上的作用

人通过脸部描写可以表现出人的心理活动。其实景物描写也可以表现人的感情、人的心理活动。通过景物描写可以营造阴郁或者欢快的气氛来表现人物的心情。下面来探讨黑色系统的色彩语在人物描写上的作用。

1. 物体漆黑的状态

众所周知，世界上要是没有光的话人就看不到任何东西。物体本身的颜色我们也看不到，而物体是会呈现一个漆黑的状态。在两部作品当中就有这样的描写。如下：

（1）黒い木の線がその中にうずもり、沈んだ屋根の下に欠しい光が洩れていた。(『ゼロの焦点』p134)

（2）海が見えなくなり、雪の上に、黒い家が多くなってきた。(『ゼロの焦点』p135)

（3）夜の本荘の町もやがて切れて、黒い山だけゆっくりと動いてきた。(『砂の器』（上）p92)

（4）暗い中に黒い水面がかすかに光っていた。遠いところで電車が鉄橋を渡っていた。光の帯が水面に映りながら尾を曳いてゆく。(『砂の器』（上）p223)

以上四个例句都是描写物体未呈现本来的颜色，是因为无光而呈现出漆黑一片的状态。

2. 物体看不清楚的状态

人能够看到东西是因为光反射到物体之后射入我们的眼睛。如果光暗淡的话周围也是一片灰暗的状态。我们就看不清物体。「暗い」就起到了表示人看不清楚物体的作用。两部作品当中有如下描写。

（1）禎子は、あたりの人が疎らになるまでそこに立って、暗い線路の行方を眺めていた。(『ゼロの焦点』p125)
　　（2）暗い電気の下で、つくねんと火鉢に手をかざしながら考えている禎子の姿を見て、後の言葉をのんで去った。(『ゼロの焦点』p287)
　　（3）暗い窓に疎らな人家の灯が流れてゆく。(『砂の器』（上）p61)
　　（4）中にはいると、うす暗い受付に今西が名刺を出した。(『砂の器』（上）p64)

　　除了以上例句，类似的还有「暗い部屋」、「暗い道」、「暗い電灯」等等。
　　3．死亡
　　黑色是死亡的象征。我们常常用黑色来表示死亡。在两部作品当中有如下描写。首先是《零的焦点》当中出现的例句：

　　室田氏は、沖合を見つめながら言った。その間にも、荒海の沖の黒い一点は、いよいよ小さくなって行った。水平線に近い厚い雲間に、鈍くかたまっている黄ばんだ色も、あたりの黒ずんだ色と同じに、しだいに色を消してゆく。(『ゼロの焦点』p313)

　　室田佐知子被室长追问所以就向其坦白了自己曾经是卖淫妇，并且为了隐藏此秘密而连续杀了四个人的事情。自己的真实身份被室长知道后，自己处心积虑得到的一切都将付诸东流。陷入绝望深渊的室田佐知子选择了自杀，一个人乘着小舟飘向波涛汹涌的大海。「黒い一点」实际上是室田佐知子乘坐的小舟。如前面所说，黑色的死亡的象征。「黒い一点はいよいよ小さくなって行った」就象征着室田佐知子一步一步接近死亡，生命逐渐消失。
　　黑色起相同作用的例句还有如下：

　　この荒海では、舟はまもなく転覆するでしょう。いや転覆しないうちに、舟は乗り手を失うでしょう。あの黒い点も、もうすぐ見えなくなります。(『ゼロの焦点』p314)

　　以下是《砂之器》当中出现的例句：

医者は、ひと通りの絶えた道に車を走らせた。この辺りは、町が続いてかと思うと、畑になり、また短い町並みとなる。やがて、ヘッドライトは、前方に、黒い森を映し出した。鳥居がある。(『砂の器』(下) p111)

　　和贺英良使用超音波，导致三浦惠美子的生理状态出现异常。她摇摇晃晃跌倒在走廊最终流产。因流产失血过多已经处于失去意识的状态。医生驱车赶去救她。路上突然出现「黒い森」。黑色是死亡、不吉利的象征。赶去救她的路上，作者松本清张特意使用「黒い森」已经向读者暗示了三浦美子最终死亡的命运。

　　4．阴郁的气氛、心情
　　两部作品当中，描写阴郁的气氛、心情的例句如下：
　　在高滨警察分部确认不明尸体是否是自己的丈夫宪一之后，祯子去断崖的海岸站在断崖上时，《零的焦点》里面有以下描写。

　　陽は沈みきった。鈍重な雲は、いよいよ暗くなり、海原は急速に黒さを増した。潮騒が高まり、その上を風の音が渡った。禎子の全身は冷え、足も手も凍っていた。しかし、そのことは意識に泣く、思いがけなく、学生時代に読んだ外国のしの一節が浮かんだ。(『ゼロの焦点』p175)

　　丈夫宪一失踪数日没有联系。出现了和宪一相似的尸体，最终确定不是丈夫宪一。既然那个尸体不是宪一那么他现在是活着的还是在其他地方已经死去。祯子都不得而知所以很担心。自己拼命寻找丈夫而且也拜托警察寻找但是还是一点也没有丈夫的下落。可以说如今的祯子心情低落、失望、不安。「陽は沈みきった」、「鈍重な雲」、「黒さ」等词语就营造了阴郁的氛围，与祯子低落阴郁的心情相吻合。黑色是死亡、不吉利、不安的象征。寻找数日都不见丈夫身在何方。「黒さを増した」就表现了祯子对丈夫的生死的怀疑以及不安的增加。

　　起相同作用的例句还有如下：

　　(1) 海の上に重なっている雲は急速に蒼ざめた。海の色も黒ずんでくる。禎子は冷えたい風と雪に打たれながら、しばらくそこからじっと

して動かなかった。(『ゼロの焦点』p249)

（2）外は暮れていた。昼間の黒い雲がそのまま夜になった感じで、冷え込みがひどかった。(『ゼロの焦点』p264)

同样，同属于黑色系统的「暗い」、「陰」、「鉛色」等词语也发挥了相同的作用。例如：

（1）禎子は暗い海の凝視をつづけているうちに、夫の死がこの海の中にあるような気がしてきた。(『ゼロの焦点』p175)

（2）遥かに湖水らしいものがあり、雲のかぶさった果てには、陰鬱な海の色も見えた。(『ゼロの焦点』p276)

在《砂之器》里面，三浦惠美子告诉关川重雄自己再次怀孕之后，有如下描写。

恋人の不興を恐れて詫びるような動作だったし、言葉も哀願的だった。「迷惑」関川は前方を見つめて歩いている。「僕の迷惑だけを言っているんじゃない。これは、君のためも考えているのだ」坂道は、いったん下に下りて、ふたたび上がりになる。このあたりは外国の大公使館などがあったりして、黒い森が固まっていた。(『砂の器』（下）p82)

一直以来惠美子为了关川重雄一直做他背后的女人对他言听计从。但是这次她无论如何都想生下孩子。一直以来听话的惠美子这次突然违逆自己，关川重雄心情不好。惠美子因为爱他所以像他道歉。而关川重雄一直就只为自己考虑，从来都不理解以及体谅惠美子的心情，所以她心情很低落。两个人心情都不愉快，两个人之间气氛非常沉闷。黑色给人传达一种阴郁、不愉快的印象。「黒い森がかまっていた」就给读者暗示了两个人说话时的阴郁的气氛以及不愉快的心情。

三、主题表现上色彩语的作用

文学是描写人类生活、反映社会现实、是社会的缩影的作品。色彩语的使用在文学作品的创作上发挥着重大的作用。作家利用色彩语的象征意义来表达自己的思想和情感，创作出反映社会现实的文学作品。曾经做过板下画工见习的松本清张对色彩敏感、精通色彩的运用、明白色彩的象征意义。松本清张使用各种各样的色彩语向读者呈现出丰富多彩的色彩世界。色彩语的象征意义一定与其作品的主题有关联。在分析色彩语在《零的焦点》和《砂之器》的主题表现上的作用之前首先来说明这两部作品的主题。

关川夏央在《座谈会・昭和文学史3》中做了如下陈述。

清張の作品の主題のひとつに、人間は誰でも恥すべき秘密を持っているというものがあります。その秘密を守るために、たとえば『ゼロの焦点』では四人もの人を殺してしまう。自分の秘密を守るために四人も殺しちゃいけないと少年時代の僕など思いましたが、同時に「人間には必ず背景がある」という信念を感じました。その背景は、きわめて人間的なコンプレックスから発しているのですが。[2]

事实上，《砂之器》表达的也是同样的主题。两部作品是属于同一类型的。《零的焦点》和《砂之器》分别在1959年12月和1961年12月发行单行本。1950—1960年代是日本的高度发展时期，是人的人生观价值观发生转变，拥有权力和利益的人和没有拥有权力和利益的人之间产生极端差距的时代。那个极端的差距导致了各种各样的人对权力和欲望的追求。对优者的自卑感、憎恨、复仇心理都是由于那极端的差距产生。反过来对于劣者为追求权力、利益、地位而采取的各种行为因那极端的差距产生。可以说那极端的差距是各种各样的事件、犯罪的温床。特别是自身拥有自卑感的人为了弥补劣等心理追求权力、欲望的意志就特别强烈。

关川夏央在《座谈会・昭和文学史3》中做了如下陈述。

清張作品には『人間は汚れている』という信念を感じます。そこには、自分自身も入っていて、まず自分から類推する。そうすると、『人間に汚れていない奴がいるわけはない』となる。[3]

可以说两人都是为了追求自身的欲望，从而剥夺他人生命、犯下罪孽，是肮脏的人。

两部作品当中主人公拥有自卑感、成为肮脏的人有其深刻的社会原因。《零的焦点》是战争给日本的人民带来的伤害问题。室田佐知子原本是过着幸福生活的大小姐，然而战争毁掉了她的家庭、她的幸福，可以说战争剥夺了她的一切。如果没有战争她就不会失去一切，就不会为了生存而成为卖淫女，就不会拥有自卑感，就不会为了保守那有污点的秘密而去杀人。可以说室田佐知子的犯罪和战争有着深刻的关系。室田佐知子是加害者的同时也是受害者。经历过第二次世界大战，生活在战后混乱的社会的松本清张深切地感受到战争的罪恶，感受到战争给日本国民带来的伤害，感受到战后日本社会的黑暗。松本清张通过《零的焦点》这部作品来表达对被战争伤害的女性的同情以及控诉战争的罪恶。

《砂之器》是日本社会对麻风病患者的歧视的社会问题。在当时的日本，麻风病患者是日本社会的被隔离者、孤独者。和贺英良因为父亲是麻风病患者所以被社会隔离、受世人歧视。不管走到哪里都会被世人驱赶。如果日本社会不歧视麻风病患者，和贺英良就不会拥有自卑感，就不会为了掩藏自己肮脏的过去而去杀人。和贺英良的犯罪与日本社会的歧视问题有深刻的联系。松本清张自小就遭人白眼，深切地体会到被人歧视的滋味。从和贺英良身上多少能够看到松本清张自身的经历。松本清张通过《砂之器》来表达被歧视的人的同情以及批判日本社会的歧视问题。

总之松本清张的文学是批判战争的罪恶、日本社会的黑暗的文学，是告发的文学。两部作品的主题都是因战争问题、社会歧视问题而引起的犯罪。说到犯罪、杀人，容易让人联想到罪恶、黑暗、死亡、不安、不吉、不公平等意象。黑色有罪恶、死亡、黑暗等象征意义，与作品的主题一致，作品当中使用很多黑色的色彩语也是理所当然。

世界上没有光明的犯罪、没有给人愉快气氛的犯罪。犯罪的人也不可能给人纯洁、神圣的形象。两部作品的主题都是犯罪，相对于其他色彩语，松本清张使用很多的黑色系统的色彩语来设定黑暗的场景，营造阴郁的氛围，表现登场人物的不安，给读者传达"黑色"的意象。

而给读者传达"黑色"意象是通过人物描写和景物描写来表现的。也就是说色彩语在主题表现上的作用是通过黑色系统的色彩语在人物描写和景物描写上的作用来体现的。主题是犯罪所以不可能给读者愉快的感觉。就如前面所分析的色彩语在人物描写和景物描写上的作用，人物描写就场合就表现出登场人物的恐惧、不安、忧郁的心情。景物描写的场合就表现出阴郁的氛围、死亡的预兆。同样的登场人物的性格也不会给读者开朗、外向的印象。比如以下例句。

憲一にそれほどの手腕があったのか。禎子の知っている夫はおとなしくて、どちらかと言えば、陰気なほうだった。けっして明るい社交型ではない。(『ゼロの焦点』p165)

另外登场人物的黑色的服装、黑夜的描写也加强了"黑"的意象，给读者传达"黑"的印象。两部作品中有如下描写。

(1) 黒い毛布を頭からかぶった人たちが線路の近くの道を歩いていた。「津幡」という駅名の文字が読まれた。(『ゼロの焦点』p135)
(2) みんな黒いオーバーを着、婦人客の中には、明治時代に見えるような毛布を背中にかけた人もいた。やはり北の国なのである。(『ゼロの焦点』p239)
(3) 窓の外に闇が走っていた。時々、薄い灯が川に浮いたように流れる。(『ゼロの焦点』p134)

除了人物描写和景物描写，「暗い事実」、「暗い生活」、「暗い時代」、「暗い正月」等词汇的运用也给读者传达黑色的意象。黑色是犯罪、罪恶的象征，松本清张之所以运用众多的黑色系统的色彩语给读者传达"黑色"的意象就是因为要告诉读者作品的主题是犯罪。在主题表现上色彩语的作用通过人物描写和景物描写上黑色系统的色彩语的作用表现出来。两部作品通过"黑色"的意象来表达出犯罪的主题。即黑色系统的色彩语在主题表现上发挥了重大的作用。

总之，松本清张写的作品和色彩语有深刻而不可分割的关系。由于篇幅有限，本文仅分析了黑色系统的色彩语在人物描写、景物描写、主题表现上的作用。而仅次于黑色系统的色彩语的白色系统、红色系统、蓝色系统的色彩语的作用还未分析。希望以此为契机，今后研究和探讨其余几个色彩系统的色彩语的作用。

托尔斯泰与井伏鳟二的战争小说

华中科技大学文华学院外语学部 孙育红

摘要 井伏鳟二被誉为日本的"庶民作家"。他的创作关注普通人的生活，幽默的笔调与其间透出的淡淡哀愁相交织，绘制出了一幅幅劳动人民努力生活的画面。井伏鳟二在文坛独树一帜，他登上文坛的时候正值无产阶级文学风靡日本，周围的朋友大都加入到了无产阶级文学的阵营，但是井伏鳟二却保持着自己独特的个性。所以也有观点认为井伏鳟二的作品"庶民性强，社会性不足"。二战中井伏鳟二被军部征用，成为了"日本笔部队"的一员。这也成为他将战争纳入创作的主题的契机。值此，井伏鳟二开始直面战争关注社会，写出了一系列的带有强烈现实主义色彩的战争小说。他的战争小说《花之城》《遥拜队长》《黑雨》中所表达的战争观和托尔斯泰的非暴力主义有着一定的相似之处。经考察研究井伏鳟二在早稻田大学学习文学期间，深受托尔斯泰的影响。井伏鳟二的战争小说在他的文学生涯中是一个巨大转折，他对战争暴力行为持严厉批评的战争观也对后世人们对战争的认识有着深远的意义。

关键词 井伏鳟二 战争小说 托尔斯泰 战争观 非暴力主义

一、井伏鳟二和他的战争小说

井伏鳟二被誉为日本的"庶民作家"。其中《山椒鱼》最为人熟知，他的动物三部曲《山椒鱼》、《鲤鱼》、《屋顶上的沙万》等或以鱼，或以鸟为题材，使用诙谐的笔调表达出了深刻的寓意。他的作品大都关注普通人的生活，幽默和哀愁相交织，绘制出了一幅幅劳动人民"努力生活"的画面。

井伏鳟二有其独特个性。他登上文坛的时候正值无产阶级文学风靡日本，周围的作家朋友都陆续加入到无产阶级文学的阵营，但是井伏鳟二仍旧坚守着自己的文学道路。但是他的集大成之作《黑雨》颠覆了一贯的风格。向来不与政治沾边的井伏鳟二给《黑雨》附加了强烈的现实主义色彩，批判了暴力的战争。井伏鳟二的作品曾一度被批评"庶民性强，社会性不足"，《黑雨》的出现让他的文风出现了变化。造成此变化的原因值得探讨和研究。

二战爆发后，日本的很多作家又转而加入到右翼文学阵营，为日本的侵略战争打鼓振威。在那个时期日本有个著名的"笔部队"，也就是被军部征用派到前线做战地报告或小说的作家。当然目的是明确的，不能描写战争的罪恶和残酷，而是要美化战争殖民行为，安抚日本国内民众。井伏鳟二也是"被征用的作家"之一。1942年，井伏鳟二被征用到马来半岛战线，在新加坡开始了他一年的被征用生活。值此，井伏鳟二开始直面战争关注社会，创作了一系列的战争小说。严格地说，井伏鳟二的战争小说是指《花之城》、《遥拜队长》、《黑雨》三部小说，虽说在此期间井伏鳟二也有其他小说，但大多数都是以战后惨淡的人民生活为背景，并未直接涉及战争本身。

《花之城》是1942年二战期间井伏鳟二被日本军部征用到新加坡战场时所写的小说。因为其战时的特殊性，作家的言论和作品都受到军部的严格审阅和控制。但是还是可以从小说中听到作者抵抗的心声。例如通过对日本政府在殖民地新加坡推行日语同化政策的失败，以及虽表面对日本军人河野的美化，但是字里行间却透露着对他的批判和对和平的渴望。

《遥拜队长》中，对因战争腿受伤和最后发疯的军人冈山悠一的描写，批判了作为加害者的日本军，也暗示了军人冈山悠一其实也是战争的受害者。双重结构痛诉了日本军国主义的愚昧和战争的残酷。

《黑雨》不仅记录了重松一家身患核辐射的悲剧，也揭露了战争中濒临垂死边缘的人们所暴露出来的人性中的弱点和丑恶。也传递了作者希望民众勿忘战争带来的伤痛，进而警醒世人远离战争。

同时这三部作品都有很强的时代背景。虽说三部小说都是以二战为中心，但是创作时间确各有背景，对背景进行考察以后，就更能理解这三篇小说的创作目的。《花之城》的创作时间是太平洋战争，《遥拜队长》是朝鲜战争，《黑雨》是越南战争。如果说《花之城》是二战时在军部压力下才有的小说，那么战后的《遥拜队长》、《黑雨》则是作者借对二战的批判表达自己对朝鲜战争和越南战争的不满。

二、井伏鳟二和托尔斯泰的接点

井伏鳟二在早稻田大学文学部学习期间十分喜爱托尔斯泰的作品。

「下宿の私の隣の部屋にいた商家の学生は、私の部屋から無断でトルストイ全集を持ち出して古本屋に売却した。」（講談社『鶏肋集』）。

对室友私自将他的托尔斯泰全集拿去卖了一事井伏鳟二十分震怒。他的日记中对室友偷窃之事时有描写，偷偷将他的书拿去典当之事也多有发生，而对托尔斯泰全集之事，应该是彻底激怒了井伏鳟二，所以发生了后来的搬家一事。可见井伏鳟二对托尔斯泰的喜爱。

井伏鳟二在求学期间非常喜欢听讲师吉田老师的课。从井伏鳟二的自传来看，倾心于吉田老师讲义的一个原因是吉田老师的观念和当时流行的托尔斯泰的主张是一脉相承的。

「私たちのクラスで十数人もの級友が、トルストイの隠遁生活説を形の上だけでも模倣したのは吉田先生の影響によるところが多かったように思われる。」（講談社『鶏肋集』）

井伏鳟二大学同学中有很多人都痴迷托尔斯泰的隐遁生活说，即使没有达到托尔斯泰所述的精神境界，单单模仿形式的人也不少，这恐怕也是受吉田老师讲义的影响。"隐遁"是指逃离世俗过着隐居生活，或者指即使不隐居也要低调的毫不被注意的生活。他的同学是怎么样过着"隐遁"生活不详，但是井伏鳟二确实过着"隐遁"生活。井伏鳟二的青春时代是苦闷的，挫折也颇多，他试图入门著名画家桥本关雪被拒，还有苦涩的初恋和从早稻田退学等不堪的回忆，这些不顺的经历也让井伏鳟二有着深深的自卑感，"隐遁"也十分迎合井伏鳟二因自卑想要远离世界封闭自我的想法。例如早期的作品《山椒鱼》便是这种心境的真实写照。

1828年9月9日，托尔斯泰作为伯爵家的第四个男孩诞生。他一岁半丧母，九岁丧父，由姑妈将他抚养长大。托尔斯泰自幼就开始接受典型的贵族家庭教育。1844年考入喀山大学东方语言系，准备当外交官。期中考试不及格，第二年转到法律系。他不专心学业，迷恋社交生活，同时却对哲学，尤其是道德哲学发生兴趣，喜爱卢梭的学说及其为人，并广泛阅读文学作品，对他的人生产生了重大的影响。

井伏鳟二的成长经历和托尔斯泰也有相似之处，这也许能让井伏鳟二对托尔斯泰的作品产生更多的共鸣。井伏鳟二出生于日本一个地主家庭，幼年丧父，由母亲和祖父母抚养。初中时代井伏鳟二对画画十分着迷，想要入门名师却被拒绝，最后只得在兄长的劝说下改学文学。而进入文学部以后，也总是缺席课堂，白天睡觉晚上创作，还经常外出旅游。后来受到片上伸老师的性骚扰，发生了冲突，休学回家。半年后回东京想要复学，提出了申请由于片上伸老师的阻挠未成，只得退学。井伏鳟二和托尔斯泰两人都幼年丧亲，在自己喜欢的求学道路上受挫，到最后退学。1851年4月底托尔斯泰随同服军役的长兄尼古拉赴高加索，以志愿兵身份参加袭击山民的战役，1854年3月，他加入多瑙河部队。克里木战争开始后，自愿调赴塞瓦斯托波尔。而井伏鳟二也在1942年赴战争前线。两人都曾亲历战争。所以井伏鳟二对托尔斯泰的文学和思想的认同不可否认。

三、井伏鳟二的战争观和托尔斯泰的非暴力主义思想

大正15年，井伏鳟二受原《世纪》杂志同人之邀，共同创办了《阵痛时代》杂志。在部分同人的号召下，除了井伏鳟二，其他同人陆续左倾，连杂志名也更改了。当时社会主义运动高涨，面对新建立的劳动农民党被政府镇压，以《文艺战线》杂志为中心，出现了向无产阶级文学转向的作家。对刚入文坛的青年来说，加入这个阵营是个让人亢奋的壮举也是跟上潮流的表现。但是井伏鳟二对此却抱着置身事外的态度。

「私が左翼的な作品を書かなかったのは、時流に対して不貞腐れていたためではない。不器用なくせに気無精だから、イデオロギーのある作品は書こうにも書けるはずがなかったのだ。生活上の斬新なイズムを創作上のイズムに取り入れるには大きく人間的にも脱皮しなくてはならぬ。勇猛精進なくしては出来得ない。私は『資本論』も読んでいなかった。未だに読んでいない。」（講談社『鶏肋集』）

井伏鳟二将自己未加入社会主义阵营一事归结为自己的懒惰，不愿再去创作什么新的主义，连《资本论》也未读过。这也间接说明井伏鳟二对马克思主义并不认同。

托尔斯泰是有名的非暴力主义者，他的主张与马克思主义所提倡的经济决定论和暴力阶级斗争不同，托尔斯泰提倡理想的世界应当不分阶级不分国界，以爱为准则，拒绝一切暴力，人们靠着道德来约束自己的行为。

井伏鳟二既不归属左倾文学，也不归属右倾文学。应该说井伏鳟二本人十分厌恶暴力，反对马克思主义的暴力阶级斗争。对井伏鳟二来说，无论是否正义，战争都是不该被采用的方式。

「戦争はいやだ。勝敗はどちらでもいい。早く済みさえすればいい。いわゆる正義の戦争よりも不正義の平和の方がいい。」（『黒い雨』新潮社）

井伏鳟二借小说中的主人公之口，表达了"讨厌战争，无论是胜负，只要早点结束，所谓正义的战争还不如不正义的和平"的观点。战争是暴力的代名词。鼓吹正义使用暴力来破坏人民平静的生活。日本政府打着所谓正义的旗号加入了第二次世界大战，不仅对他国造成了伤害，日军也死伤无数，日本国内人民生活苦难，被原子弹轰炸的广岛和长崎，留下了无数因为原子弹辐射家破人亡的日本家庭。战争对侵略国和被侵略国来说都会留下无尽的损失。

《遥拜队长》以战争前线为背景，其中有一个描写自然环境的场面。茂密的丛林里，牛儿们在被炸弹炸出来的水坑里悠然地饮水，这和紧张的战事形成了鲜明的对比。作者对大自然的和谐的向往和对人类发起的暴力的厌恶跃然纸上。《遥拜队长》的主人公极端信仰军国主义思想，错伤部下，最后自己腿部受伤，精神失常，作为优等生派上战场的他在发狂以后被遣送回家，即使是战争结束后他还幻想着自己仍在战争之中。文章用诙谐讽刺的笔调描写了他将村里人当做部下，使用振振有词的军事用语呵斥他们，还要让他们向东方遥拜。这和《堂吉诃德》的写作方法非常相似。战争对人精神的摧残比造成的物质匮乏更值得被批判。

《花之城》的开头语写到：

「昭南市はいま非常に平和である。非常によく治まっている。噓ではないかと思われるほどに平和である。非常によく治まっている。噓ではないかと思われるほどに平和である。（これではもったいないほどではないか）町を歩いていても、宿舍にいても、私の念頭から去らないのはこの一事である。しかしこの平和の町にも不幸な人もあり、また幸福を感じている人もあろう。それはいうまでもないことである。私はこの市内におけるある長屋のある一家族の動きを丹念に描写して、疑いなくこの町の平和を信ずる市民のあることをひとつの資料としたいのである。」

在军部言论控制下，文章字面虽是写着新加坡在日本军的治理下十分和平，但事实上绝对不是和平的状态，文章也可隐晦地窥见一二。殖民新加坡的日本军，暴行是时有发生的。井伏鳟二的日记中也记载了日本军队对华侨的残忍杀害。就像井伏鳟二在这段文字中写的"过于奢侈的和平"一样，其实他身处之地和历经的战争并不是美好的，不是和谐的，才有了"奢侈"一说。因为军部禁止作家对战争残酷的描写，所以井伏鳟二只能将作品虚拟和平到极端化来表达自己对和平的渴望。

从井伏鳟二的战争小说三部曲可以看出他对战争的批判，对暴力的厌恶。托尔斯泰的非暴力主义对他的思想和创作都产生了影响。《花之城》、《遥拜队长》、《黑雨》三部小说随着时间的推移，对战争的认识也越来越深刻，《黑雨》更是被推为"原爆文学"的经典，他不仅给井伏鳟二的朴实庶民文风增添了现实主义色彩，也深化了他文学创作的社会性。

参考文献

[1] 井伏鳟二：『花の町・軍歌「戦友」』，講談社文芸文庫，一九九六。

［2］井伏鱒二：『半生記・南航大概記「犠牲」』，講談社，一九九〇。
［3］井伏鱒二：『井伏鱒二集32』，新潮社，昭和三十五年。
［4］井伏鱒二：『井伏鱒二対談集』，新潮社，平成八年八月一日。
［5］井伏鱒二：『黒い雨』，新潮社，昭和四十五年六月二十五日。
［6］磯貝英夫：『井伏鱒二研究』，渓水社，昭和五十九年。
［7］松本武夫：『井伏鱒二宿縁の文学』，武蔵野書房，一九九七年。
［8］松本鶴雄：『井伏鱒二日常のモティーフ』，株式会社沖積舎，平成四年小沼丹。
［9］『戦争文学を読む』，朝日文庫，一九九九年。

功能动词"する"与形容词的关系探究

安康学院外语系 陈玉平

摘要 作为功能动词的"する",在意思和句法上都与形容词有着共同的特征和相似性。本文对"する"和形容词在意义、句法(修饰、比较、人称限制)方面进行比较,认为两者有着较大的相似性,而且功能动词"する"在语境和情感等方面弥补了形容词的不足,有着更为丰富和灵活的表达能力,这也是"する"作为功能动词的强大的语法功能的一个重要表现。

关键词 功能动词 する 形容词 相似性

功能动词,是一些普通动词在某些情况下独立出来拥有新的用法的一类特殊的动词,这类动词在句子中丢失了其自身的含义,需要与另一个实义动词性质的成分组合在一起构成复合动词,才能表现出完整的谓语意义。日语中,"する"就是典型的功能动词。它除了本身所具有的实质性意义外,还跟其他单词一起构成复合词,来表达某个完整的意义。

日语中对动词"する"的研究由来已久,根据形式和功能,"する"一般可分为形式动词、行为动词、サ变动词、功能动词和轻动词(动名词功能)。关于"する"的这些动词分类,已有大量的先行研究,在此不在赘述。作为功能动词,"する"有着强大的语法意义和构词功能,它以"单词+する"的形式,可以完全表达出其他动词(状态动词、动作动词、变化动词、情感动词等)和形容词所具备的能力和意义。学界对"する"跟其他动词的比较研究较多,也比较深入,但把它跟另一类"用言"[1]——形容词进行比较的研究,则相对较少,但在实际的运用中,人们总是自觉或不自觉地用到这类表达，这也是本文的问题意识所在。

一、"する"同形容词在意义上的相似性

在日语中，经常有"实语素[2]+する"的表达，来表示某事物所具有的属性或状态等。这个表达可以用形容词来替换的。例如：

（1）頭が<u>がんがんする</u>。　　　　　　→頭が<u>痛い</u>。
（2）<u>ぞっとする</u>。　　　　　　　　　　→<u>寒い。怖い</u>。
（3）胃が<u>きりきりする</u>。　　　　　　→胃が<u>痛い</u>。
（4）胸が<u>むかむかする</u>。　　　　　　→（胸が）<u>気持ち悪い</u>。
（5）布団が<u>ふわふわしている</u>。　　　→布団が<u>柔らかい</u>。
（6）犬が<u>静かにしている</u>。　　　　　→犬が<u>静かだ</u>。
（7）子豚が<u>太くしている</u>。　　　　　→子豚が<u>太い</u>。
（8）夜中の公園には<u>寂しい感じがする</u>。→夜中の公園が<u>寂しい</u>。
（9）髪を<u>長くしている</u>。　　　　　　→髪が<u>長い</u>。
（10）焦げた饅頭は<u>苦い味がする</u>。　　→焦げた饅頭は<u>苦い</u>。

以上例子中，"きりきり、むかむか、ぞくぞく+する"这种结合度较高的方式，在意义上相当于形容词。换言之，以上例子除了格助词有时候不被替换外，其意义是完全可以用形容词来替换的。"然而，'する'不受时态上的束缚，能够呈现事物的状态性。因此，这类句子以'する'的现在时来表达事物的状态时，能够更为客观地描述出事物的状态。"[3]同时，"形容词+する"｛如（9）｝表示变化，但在时态上则表示的是现在的状态，这和形容词的状态性是一致的，可以用形容词来替换。"感じがする"、"味がする"，这种修饰ガ格名词[4]的形容词具有实质的意义，所以即使去掉"がする"，其意义也不会发生变化。有时候，尽管"单词+する"与形容词在意义上相似，但其意义却是受限定的。例如：

（11）水ギョーザは<u>懐かしい味がする</u>。→水ギョーザは<u>懐かしい</u>。
（12）風鈴が<u>優しい音がする</u>。　　　　→風鈴が<u>優しい</u>。

与形容词的句子相比，"する"的句子由于有了"味"、"音"，"懐かしい"、"優しい"的对象便有了限定。形容词的句子由于没有明确什么地方"懐かしい"，什么东西"優しい"，所以它的意义是不甚明确的。如要把这种意义进行具体的限定，则需要"水ギョーザは懐かしい味がする"、"風鈴が優しい音がする"这样的ガ格形式来表达。

　　不过，有些句子虽然使用同样的形容词来表达，但形容词的句子和"する"的句子的意义却有着较为明显的区别。如：

　　（13）そのズボンがきつい感じがする。　　→そのズボンがきつい。
　　（14）そのズボンはきついような気がする。→そのズボンがきつい。

　　显然，"する"句子有感觉（きつさ）的主体存在，但形容词的句子则是跟感觉无关的客观判断的表达。因此，形容词句子是用来客观描写和断定的，而"する"句子则倾向于句子中的主体的主观感觉，这时候的"感じがする"是有形式意义的。

　　综上所述，"实语素＋する"作谓语，是可以同形容词进行互换的。"感じ、味、音、気がする"、"拟声拟态词する"、"形容词している"的表达跟形容词的句子有着较大的相似性。在这种情况下，动词"する"赋予形容词以谓语的这种特征可以说是功能动词的一个重要功能。

二、"する"同形容词在句法上的相似性

（一）副词修饰

　　在日语中，副词是可以修饰形容词的，尤其是那些程度副词（かなり/非常に/とても等）和量副词（たくさん）。当然，副词也是可以修饰动词的。所以，从句法上来讲，"する"同形容词都是可以被副词所修饰的。例如：

　　（15）胃が非常にきりきりする。
　　（16）トイレから非常に変なにおいがする。

(17) 父とたくさん山登りをする。
(18) ハワイの旅行を非常に希望する。
(19) 部屋を非常にきれいにする。
(20) 顔を非常に赤くする。
(21) 麻衣子さんは非常にきれいな指をしている。

像（16）（21）这样需要连体修饰语的"する"句子中，副词修饰形容动词时，难以判断是否在修饰"单词＋する"的部分之外，其他的例子都和形容词一样，"单词＋する"是受副词所修饰的。

（二）比较的表达

当形容词表示事物的程度或差别时，便有了比较级的用法，而"する"句子，例如：

(22) 下腹より胃の方がきりきりする。
(23) トイレよりこっちの方が変なにおいがする。
(24) 弟より父との方が山登りをする。
(25) 沖縄よりハワイへの旅行は希望する。
(26) 台所より部屋をきれいにする。
(27) 顔より目をに赤くする。
(28) 麻衣子さんは私よりきれいな指をしている。

同上文一样，（23）（28）的比较有针对形容动词的嫌疑，在此不进行分析。但其他句子均是以"单词＋する"进行比较级的表达的。不过，由于"する"本身作为动词没有程度的用法，所以这种场合下多借助量副词来帮它完成比较的表达。因此也有人认为这和形容词的纯粹表达程度性的特征是有所区别的[5]。但笔者认为这些是比较性表达的两种方法而已，在本文的探讨中可以把它们等同视之。由此，我们可以看出在比较性表达中，"する"句子同形容词的句法也有着较大的相似性。

（三）人称限制

形容词的句子里头，尤其是感情形容词，人称（句子的主体）是受限制的，需要明示出来，只有第一人称可以省略。例如：

(29)（私は）頭が痛い。
　　＊君は頭が痛い[6]。　　　→君は頭が痛いはずだ。
　　？彼は頭が痛い[7]。　　　→彼は頭が痛いらしい。

而在"する"的句子里头，"拟态词＋する"成为一个感情动词，它的表达和形容词的句子一样，人称也是受限制的。例如：

(30)（私は）頭痛がする。
　　＊君は頭痛がする。　　　→君は頭痛がするはずだ。
　　？彼は頭痛がする。　　　→彼は頭痛がするらしい。
(31)（私は）耳の中がむずむずする。
　　＊君は耳の中がむずむずする。→君は耳の中がむずむずするはずだ。
　　？彼は耳の中がむずむずする。　→彼は耳の中がむずむずするらしい。

"する"句子和形容词句子一样，第一人称可以省略。但当句子的体验者是第二人称、第三人称的时候，就需要以助动词或语气词（modality）加以辅助，句子才能成立。

三、小结

综上所述，作为功能动词，"する"同拟态词、ガ格名词、形容词等实义词一起构成一个复合动词做谓语，它在意义和语法上和形容词有着较大的相似性。但同时，"する"句子与形容词句又有着微妙的区别。如：在意义上，"する"句子能够更为客观地描述出事物的状态｛例(1)～(10)｝；在"感官名词＋が＋する"的句子中，形容词的对象是限定的｛例(11)、(12)｝；在两者都使用同一形容词时，"する"句子则更倾向于主体的主观感觉｛例(13)、(14)｝；在做情感动词的时候，它更能委婉和贴切地推测或判断他者的感受和状态｛例(29)、(30)、(31)｝。"する"句子同形容词句子之间的这些微妙的区别，对于喜欢含蓄、委婉表达个人看法和见解的日本人来说，更符合他们的表达习惯和方式。这也是日本人经常使用"实义词＋する"的一个重要原因，因为它是更地道的日语表达。这一点对学习日语的外国人来说，是需要留意和学习的。

注释

［1］用言（ようげん），日语语法名词。动词、形容词、形容动词总称为用言。

［2］这种语素常为拟声拟态词、形容词、名词等具有实质性意义的词。

［3］大冢望.「する」文の多機能性——文法的機能，soka university，NII – Electronic Library Service.

［4］感官名词＋ガ的表达方式，被称为ガ格名词。

［5］大冢望在其文章《「する」文の多機能性》中认为，形容词本身只是单纯的带有程度性，但若在"单词する"前加上量副词，便有了量的程度性，这两者是有差异的。

［6］如果这样表达的话，这个句子是错误的，故用＊标示出来，下同。

［7］这个句子是有问题的，故用？标示出来，下同。